偽装

「耐震偽装事件」ともうひとつの「国家権力による偽装」

小嶋　進（元・ヒューザー社長）

目次

第三章 不覚

第四章　**無念**

まえがき

今から約一〇年前、二〇〇五年一一月にマスコミ報道等で発覚した「耐震偽装マンション・ホテル」事件――。いったいどんな事件で、そしてその結末がどんなものだったかを、皆さんはご存じでしょうか？

警察や検察、そして報道陣が考えていた事件の本丸は、あの当時、マンション販売会社「ヒューザー」の社長を務めていた私――小嶋進《おじますすむ》であることは明白でした。そして警察は、マスコミや世間の期待に応えるべく、〝疑惑の主人公〟たちを次々と逮捕していったのです。「事件」のクライマックスは、二〇〇六年五月一七日の私の逮捕です。私にかけられた容疑は「詐欺」でした。

だが、事件はこれにて一件落着――とはなりませんでした。

「奴らは皆、儲けを最優先し、グルになって耐震偽装を働いたに決まっている」と、皆さんが報道を通じて信じ込まされてきた事件の実態は、姉歯秀次《あねはひでつぐ》・一級建築士の単独犯行だったからです。実際、本件の「耐震偽装」に絡んで裁かれたのは、姉歯秀次氏のみでした。

姉歯氏はカネを稼ぐため、建築士としての自身の能力以上の仕事をこなそうと耐震偽装行為を繰り返し、偽装がバレてからはウソをつき、仕事をもらっていた建設会社に罪を擦《なす》りつけようとした――。これが、大山鳴動した耐震偽装事件の真相でした。私にしてみれば、一切与《あずか》り知らない行為です。

こうした事実は、二〇〇六年九月に開かれた姉歯氏の初公判の場でも明らかになっていま す。つまり、警察や検察の描いていた「耐震偽装のシナリオ」は、真っ赤なウソだったのです。

にもかかわらず、私はなぜ逮捕・起訴され、会社も潰され、本件の「耐震偽装」には全く関わっていないことが裁判を通じて明らかになっていたにもかかわらず「有罪」とされ、社会的地位を完全に失い、名誉が回復されることもなかったのでしょうか?

たとえ無実でも、社会的に抹殺《まっさつ》されてしまうことがあるのだ――。そんなこの事件の真実と本質を、無念の思いを込め、記録として遺《のこ》しておくことに決めました。今の裁判所には、真実を見極める能力がなく、もはや全く当てにできないからです。

これから本書で明らかにしていく事実が、これまでテレビや新聞で報道されてきた「耐震偽装事件」の内容とはあまりにもかけ離れていることに、読者の皆さんはきっと驚かされることでしょう。私を断罪する一方で、警察や検察、報道機関が犯した数々の失態の責任は、すべてうやむやにされています。

これは、私ひとりの問題では決してないと思います。記録として遺すことで、二度と私のような目に遭う人間が現れないために、私のとんでもない体験を役立てたい——。そんな思いと願いが、あれから一〇年の歳月を経た今、私に筆を取らせたのでした。

【おことわり】

ヒューザー及びヒューザーの関連会社の社員に関しては、すべて仮名で表記しました。

第一章　正夢

日本の住宅が狭いのは「当たり前」のことなのか？

日本における「マンション」や「集合住宅」の原点は、第二次世界大戦直後の「住宅難」にあったのだと、私は思っている。たび重なる空襲で焼け野原となった東京周辺は、そもそも住む家がなく、戦禍を生き延びた人々は、たとえ狭くても住めるところを確保するだけで精一杯だった。

戦後の混乱が落ち着いた昭和三〇（一九五五）年代半ば、首都圏には「団地」や「公団住宅」と呼ばれる賃貸アパート群が登場する。鉄筋コンクリートで作られたこの集合住宅は、昭和二〇（一九四五）年代から続いていた住宅難を解消するため、数多く建てられた。ただ、その間取りは２ＤＫ（二部屋にダイニングキッチン）が一般的で、専有面積は三〇平方メートルから四〇平方メートル程度の大変狭いものだった。それでも、ダイニングキッチンに置かれた椅子《いす》とテーブルで食事をする生活は、西洋風のモダンなスタイルだとして、当時の庶民の憧れの的だったのである。入居希望者が殺到し、そこに住むためには数十倍から数百倍という抽選を勝ち抜かなければならないほどだった。

私たち日本人はこの頃から、「狭い家」での暮らしに慣らされてしまったのである。国の政策として、こうした団地が量産されていけば、平均的な住まいの広さがどんどん狭くなっていくのは当然のこと。海外の人々から、日本人の住まいが「ウサギ小屋」などと揶《や》揄《ゆ》されるほど狭くなったのは、「戦禍」と「敗戦」という背景があったからこそ――なのである。その結果、平均的な日本の住宅は、欧米はもとより、他のアジア各国と比べても狭いとされる。

民間の分譲マンションが誕生したのも、団地が建ち始めた昭和三〇年代のことである。昭和二五（一九五〇）年に発足した住宅金融公庫（現・住宅金融支援機構）や、昭和三九（一九六四）年に開催された東京オリンピックに伴う「オリンピック景気」などに後押しされて、分譲マンションの販売戸数は劇的に急増していった。さまざまな企業が参入し、マンション事業は活気づいていく。

これに、政府も注目した。「住宅」が、好景気を維持する重要なアイテムになる――と考えたのだ。人は、住まいを買うと家電製品や家具などをいっぺんに買い替える。そうした消費行動が景気にもたらす波及効果は大変大きく、政府が「持ち家政策」を維持・拡大させていく大義名分となったのである。その後、狂乱的なオイルショックの物価上昇を経て、マンション価格は昭和六〇（一九八五）年代から平成初頭にかけての「バブル景気」

期まで、継続的に上がり続けていった。

この頃の平均的なマンションの間取りは３ＤＫで、専有面積も五五平方メートルと、昭和三〇年代の「団地」に比べれば若干、広くなってはいた。だが、これより広い家を持とうとすれば、通勤時間のかかる首都圏郊外で探さざるをえなかったのである。マンションに至っては、そもそも広い間取りのものが用意されておらず、例外的に広いものがあったとしても、それは「億ション」と言われる超高級マンションになってしまい、庶民にとってはそれこそ、手の届かない高嶺《たかね》の花だった。

この時代、人々は「高い、遠い、狭い」というマンションを、物価上昇のあおりを受けながら買うしかなかった。こんな状況を、私は何としても変えたかった。そして、変えることができると信じていた。

＊

海外のマンションは、賃貸であろうと分譲であろうと、一〇〇平方メートルを超える住宅がほとんどだ。一方、日本のマンションの半数を占める賃貸マンションの主流は、平成二七（二〇一五）年の今でも、四〇平方メートルから、せいぜい五〇平方メートル台の広さだろう。だから、「マンション」という言葉を聞いて、本来の意味である「豪邸」を想像する日本人は、大変稀《まれ》だと思う。

しかし、バブル景気が去ると、分譲マンションを巡る状況は大きく変わった。不景気のあおりで、企業は余っている土地を次々に手放し始め、土地の価格もどんどん下落していったのだ。そしてこれらの土地が、新規のマンション用地としてマンション業界に供給されてきた。こうした土地は、通勤時間のかかる首都圏郊外だけでなく、通勤に時間のかからない首都圏近郊にも現れた。

その結果、平成の時代に入ってから建てられたマンションは、2LDKから3LDKの間取りが主流となり、専有面積も七〇平方メートル前後になっていく。過去に「ウサギ小屋」と呼ばれていた頃と比べれば、広さに関しては相当改善されたといっていいだろう。

だが、私はもっと広いマンションを作りたかった。広い住まいは、きっと生活や人生を一変させ、心に豊かさをもたらす「ゆとりの場所」となるはずだ――と、私は考えていたからだ。例えばドイツでは、同じ公営の「団地」でも一三〇平方メートルものゆとりがあると聞く。だから、最低でも一〇〇平方メートル、可能であれば一五〇平方メートル超の広さを持つマンションを首都圏近郊に建て、日本のマンションに「広さ革命」を起こすことが、私の目標であり、夢だった。

「ウサギ小屋」から一〇〇平方メートル超の家へ

私が創業した「ヒューザー」は、専有面積が一〇〇平方メートルを超える広いマンションだけを扱う不動産デベロッパー（開発業者）に成長していった。あの耐震偽装事件に巻き込まれる前年の平成一六（二〇〇四）年の時点では、販売したマンションの平均専有面積が日本一という記録を六年連続で更新し続けていた。

当時の日本人の平均的な所得水準は、一〇〇平方メートルから一六〇平方メートルのマンションを自由に選べるくらいのレベルにまで達していたはずである。私がそう考えたことには、当然のことながら理由がある。

その当時、シンガポールの住宅事情を調べたところ、あんな小さな国土でありながら、一四〇平方メートル以上のマンションが主流だったのだ。その一〇年ほど前は九〇平方メートルクラスが主流だったと言うが、行政指導によりたった一〇年ほどで一・五倍の広さにまでなっていたのである。

しかも、当時のシンガポールの平均所得は、日本のおよそ二分の一。言い方を変えれば、日本人はシンガポールの二倍以上の所得がありながら、五〇平方メートルから六〇平方メートルのマンションに住んでいるという事実に、私は驚かされたのである。

それまでの日本のマンションは、2LDKや3DKという機能を保ちつつ、どこまで狭くすることができるかを追求したものだった。本来であれば、広さと安さ（=適正価格）を兼ね備えた豊かさを追求すべきところを、マンション業界を挙げて「狭さに挑戦」していたのである。その果てに、二〇平方メートルのワンルームマンションなのに三〇〇〇万円を超えるものまで現れていた。

「狭くて割高」を目指すマンション業界は、競うべき方向性を明らかに間違えていた。そしてそのおかしさを、誰も「おかしい」と指摘しなかった。それはマスコミ報道にしても同様である。

私はその「間違い」や「おかしさ」を、一〇〇平方メートルを超える広いマンションを実際に供給することで、しかも適正価格で一般庶民向けに提供し続けていくことで、改めようと思ったのだ。

それが、ヒューザーがあくまでも「広さ」にこだわる理由でもあった。

＊

まず私は、売り出すマンションの敷地と近いところに「モデルルーム」を作るのをやめた。販売が終わるとすぐに取り壊すという無駄を省くため、東京・丸の内のビル最上階にあった本社の中に、一一三平方メートルのモデルルームを作ったのだ。当時、錦糸町で分譲したものと同じ広さと間取りのものだった。

それでも、私は満足していなかった。次の目標を一五〇平方メートルから一六〇平方メートルに見定め、チャレンジし続けていたからだ。販売したマンションの平均専有面積は毎年のように更新し続けていたため、本社のモデルルームはすぐに〝小さいタイプ〟の部屋になってしまうほどだった。

気になる価格だが、これだけの広さを備えたマンションながら、五〇〇〇万円前後に設定。自己資金を一〇〇〇万円として、四〇〇〇万円を借り入れた場合、月々の支払いは管理費と駐車場代までも含めて一五万円ほどで済むようにした。賃貸マンションでこれだけの広さを持つものを探そうとしても、この価格ではまず不可能だろう。一六〇平方メートルのマンションでも、五〇〇〇万円から六〇〇〇万円台の価格設定にした。

ヒューザーが建てたマンションの魅力は、無論「広さ」と「価格」だけではない。

これまでのマンションでは、玄関から廊下を通り、リビングに向かうことから、「うなぎの寝床」などと呼ばれていた。このような部屋の配置になるのは、太陽光が採りやすい南側にリビングダイニングを設置しているためだ。こうしたレイアウトの最大の欠点は、プライベートな空間とパブリックな空間が分かれておらず、客が来訪した際にプライバシーを守れない、ということだった。

広い間取りのゆったりとした部屋に、お客様をお招きする――。このことを前提に、ゆとりあるマンションの開発を考えていた私たちは、それまでの日本のマンションの常識と決別した。玄関を開けてすぐのところに、リビングを配置し、客が来ると、まずはリビングにお通しするという欧米型のデザインにしたのである。こうすれば、家の中にある「見せたくないもの」まで客に見せてしまうことを防げるため、プライバシーを完全に守ることができる。私たちは、こうした部屋の作りを「リビング・イン」と呼んでいた。

メリットは、客が来た時だけにあるわけではない。これまでの一般的なマンションのレイアウトでは、玄関横の個室を「子ども部屋」とすることになるが、親が普段いることの多いリビングダイニングからは、子どもの出入りが全く見えなかった。しかし、私たちが考えた部屋の配置であれば、外出する際には皆が必ずリビングダイニングを通ることになる。ヒューザーのマンションであれば、家族の会話が間違いなく増えるのである。

私たちが意識していたのは、「終《つい》の棲家《すみか》」にもなるマンションであった。単に住むだけではなく、単に寝泊まりするだけでもなく、友人であろうと親戚であろうと会社の後輩であろうと、そして子どもたちの友だちやその親たちであろうと、臆することなく招き入れることのできる、広々とした「空間」である。我が家の広さが一五〇平方メートルもあれば、こうした機能や役割を担わせることができるのだ。かつて、日本の家々がそうであったように。

これだけの広さがあれば、ホームパーティもお料理教室も容易《たやす》く開催することができるだろう。自分の家が「一番遊べる空間」になるということは、親の世代にとっても子どもたちにとっても、最高の「理想の家」に他ならない。

それが、私の作った自慢のマンションだった。

ヒューザーの分譲マンション「グランドステージ住吉」の間取図

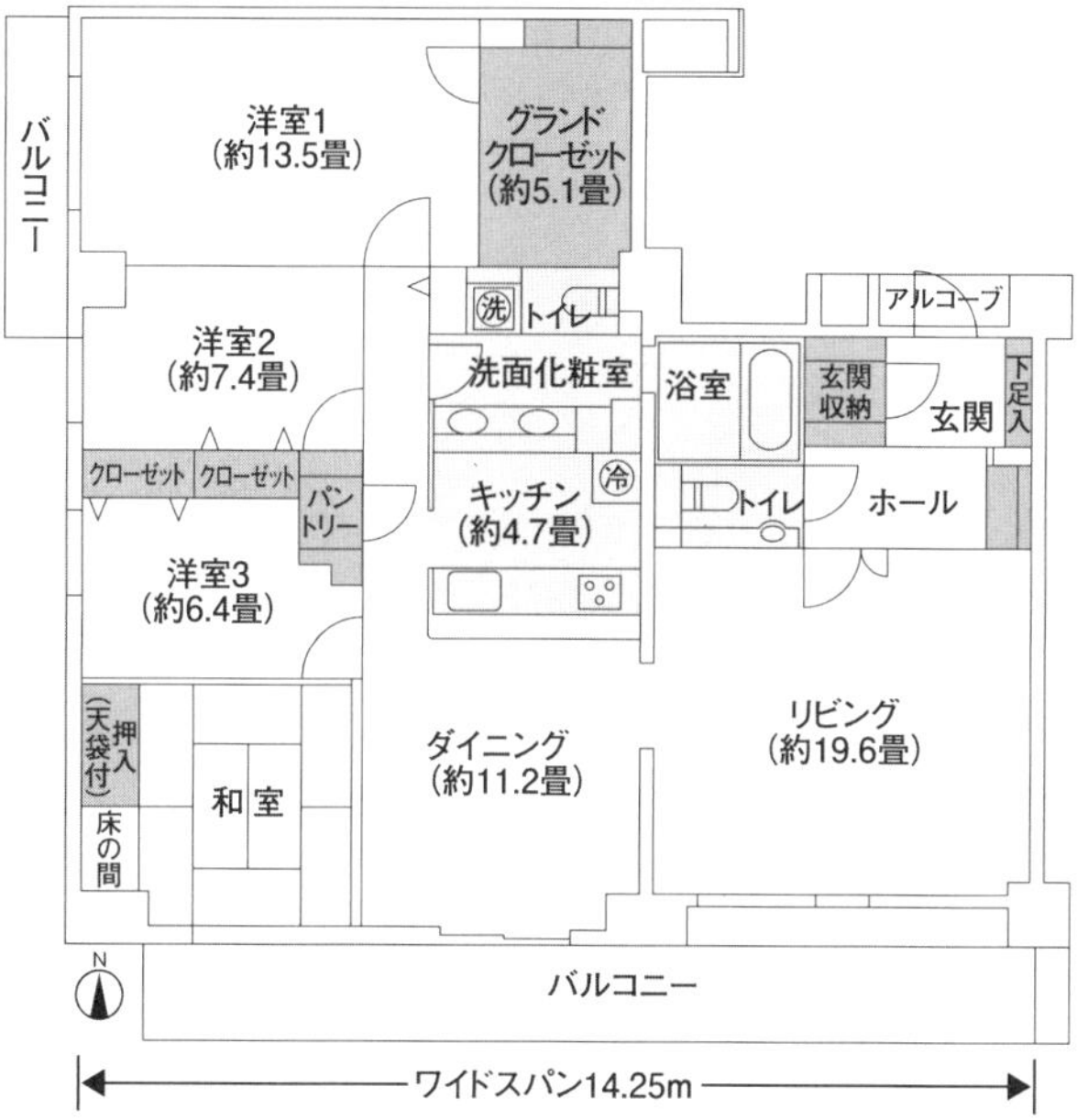

専有面積は160.02平方メートル。玄関を開けてすぐのところにリビングを配置した「リビング・イン」作りが、ヒューザーマンションの特徴だった。

「財産」になるマンションは三世代が続けて暮らせる

なぜ、広いのに相場よりも低価格のマンションを作ることができたのか、不思議に思う人もきっと多いことだろう。その種明かしをしよう。

マンションのコストは「立地コスト」「建設コスト」「宣伝販売コスト」の三つで決まると言われている。安くて広いマンションを供給するには、この三つのコストを下げるしかない。

まずは「立地コスト」である。

通常、マンションの立地は駅前や駅の近くがよいとされてきた。地価が下がっているとは言え、高級住宅街のようなステータスを持つ場所は、まだまだ広さと低価格を両立できる状況ではない。

そこでヒューザーでは、こうしたステータスよりも実質を優先させて、立地場所を選んでいた。確かに駅前は便利だが、騒音や安全の面まで考えると、必ずしも「よい住環境」とは言えない。駅前からやや離れ、地価が割安で住環境のよい場所であれば、まとまった敷地が手に入りやすく、「広さ」を重視した理想的なプランニングもしやすいのである。

次に「建設コスト」である。

建設コストは、マンションの価格を決める上で大きなウェイトを占める。最近のマンションは、シアタールーム、キッズルームなどの「共用施設」を盛り込んでいるものが多い。だが、それらを作る費用は結局、マンションの販売価格に上乗せされる。管理費やメンテナンス費用も必要になる。しかしヒューザーでは、自分の住まいが広ければそのような共用施設は必要なくなる――と考えた。

一戸一戸のスペースが広ければ、内装工事などの作業もしやすくなる。作業する際にいちいち資材を動かす必要がなくなれば、その分だけ工事期間を短縮することもできる。

住まいの間取りやデザインも、シンプルに徹した。一棟のマンションの中にさまざまな間取りやデザインが混ざり合うと、手間がかかる上に、工事費も嵩《かさ》んでしまうからだ。

間取りの種類が多いマンションの場合、窓ひとつを考えてもパーツの種類が増えることになり、同じパーツをいっぺんに仕入れるよりも割高になる。配線や配管ダクトなどの見えない部分も複雑になるので、さらに費用は嵩んでいく。それを、ヒューザーのマンションでは止めることにした。

設備や資材も、海外から自社調達した。一般にマンションの建設は、不動産デベロッパーがまず企画を考え、次に、設計事務所と元請のゼネコンに一括発注される。設備や資材に何を使うのかはゼネコンによって決められるわけだが、これもやめたのだ。すなわち、割高な日本の資材を使わず、自分の目で確かめた海外の資材を独自のルートで直輸入することにしたのである。

発注形態も変更した。当時は「オール半年手形払い」(全額半年後の支払い)が普通であり、デベロッパーの出す手形は「飛行機手形」などと揶揄《やゆ》されていた。「いつかは落ちる(現金化できる)だろう」という意味だ。大手のゼネコンからは「リスクのある仕事」と思われており、ゼネコン側は敢えて割高な見積もりを提示し、仕事を辞退するのである。

この当時、デベロッパーがマンション購入者から手付金や中間金を受け取る際には「前金保証書」を交付する必要があり、その保証をゼネコンにお願いするのが一般的だった。つまり、工事を請け負うゼネコンは、発注者の連帯保証を引き受けていた。もし分譲マンションが売れ残り、デベロッパーが工事代金を払えない時には、ゼネコンがその売れ残りを引き取らざるをえない仕組みだったのである。

「飛行機手形」に「引き取り契約」ではとても危なくて、大手ゼネコンから敬遠されるのも無理はない。その結果、分譲マンションの工事費は割高になっていた。そこでヒューザーではこの商慣習を「現金前払い」に改め、「手形が落ちない」という恐れを払拭《ふっしょく》したのである。

設計報酬も改めた。当時の設計料金は「工事費の三パーセント」といったように、工事費に比例して額が決まる方式だった。工事費が安くなれば設計料金も安くなるわけで、これでは設計会社側に「コストダウンしよう」という意欲は湧《わ》かない。そこでヒューザーは、この設計報酬を「坪当たり五万円」等の定額制にしたのである。コストダウンをして工事費が安くなっても、受け取る設計報酬は変わらないのであれば、設計会社も安心してコストダウンに取り組める。

このようにあらゆる方法で、品質と安さを両立させつつ、建設費を劇的に下げることに成功したのである。これは、当時のデベロッパーとしては大変革新的なことで、それまでゼネコンが一手に引き受けていた建設工事や予算組み、品質管理、資金手当てを自社で担うことにより、建設費を安く抑えるのが最大の目的だった。

最後が「宣伝販売コスト」である。

一般的なマンションでは、販売する際に数多くの宣伝アイテムを使う。チラシだけでも一〇〇〇万部配ることもある。こうしてモデルルームへとユーザーを集め、完売を目指すわけだが、これをマンションの物件ごとに行なっていた。ヒューザーでは、これも無駄としてやめた。「広くて安い」というだけで、十二分に注目を集められるからだ。

必要となる集客も、半分で済む。一戸当たり五五平方メートル×一〇〇戸＝五五〇〇平方メートルだったものが、一戸当たり一一〇平方メートルになれば、半分の五〇戸で五五〇〇平方メートルに達する。契約やローン付け、物件説明も引き渡し手続きも半分の作業で済むのであり、必要となる説明要員や販売部員の人員も半分で済むのである。さらには、駐車場や自転車置き場のスペースも半分で済むので、台数確保のために立体駐車場を作る必要もなく、管理費用も安くなる。

先に触れたように、現地モデルルームを作らないかわりに、本社内にモデルルームを常設したことでも、宣伝販売コストを大幅に削減させることに成功していた。さらには、それぞれの間取りが広いため、実際のマンション物件の中の完成した部屋を見学できるようにもした。これもまた、物件の作りが「シンプルで工事期間が短い」というメリットのひとつと言えるだろう。

＊

住宅というのは、財産である。財産である以上、若い時分に住んでいた賃貸アパートの延長線上にあるものであってはならないと、私は思う。

賃貸アパートや賃貸マンションは、注《つ》ぎ込んだ金額を、どれだけの家賃で何年間かけて回収するかという、いわば利益を目論んで建てられたものだ。それに対し、自分の生涯をかけて買う住宅や分譲マンションは、自分を含めた家族の生涯を作っていくための大事な〝入れ物〟であって、本質的には全く別のもののはずである。

ところが、間取り図を見ると、賃貸と分譲とで何がどう違うのか、区別がつかないものが多いのが現状だ。

現在の日本では、自分や子ども、そして孫の世代がそれぞれ、住宅ローンの支払いに追われている。こんな馬鹿な話はないと、私は思う。そして、こうなってしまうことの元凶が、六〇平方メートルか七〇平方メートルしかない分譲マンションにあると、私は考えていた。

五〇年前か一〇〇年前に祖父が建てた住宅があり（イタリアなどのヨーロッパは一〇〇年や二〇〇年は珍しくない）、内装を入れ替えるぐらいで次の世代もそのまま住めるようなインフラとしての機能が日本の分譲マンションにも備えられているべきであり、実際、それだけのお値段もしている。

だが、まるで使い捨てライターのごとく、高価な分譲マンションがたった一代で使い物にならなくなっている。これでは、自分の住宅を持つことのためだけで、多くの日本国民はエネルギーを消耗し、他のことにエネルギーを振り向ける余力がなくなってしまう。こうした状況は、皆にとっても、日本という国にとっても、非常に不幸なことだ。

そして、そうした状況を打破する力になりえるのが、私たちヒューザーのマンションだと信じていたし、それが私の夢でもあった。夢は、次第に正夢へと育ちつつあった。首都圏の不動産デベロッパー業界において、一〇〇平方メートル以上のマンションのシェアは二〇〇四年の時点でヒューザーがトップであり、同年の売上高はおよそ一二〇億円、自己資本比率も二〇パーセントと、堅実に業績を伸ばしていた。

だが、その夢は呆気《あっけ》なく潰《つい》える。あの「耐震偽装マンション事件」のためだった。

第二章　発覚

「事件」前夜

ゴーッと轟《とどろ》くような大爆音を立ててジェット戦闘機が編隊を組み、大空を宙返りして地面に急降下してきては去っていく。空には五色の航跡が鮮やかに描かれていく。韓国・インチョン（仁川）の近くで行なわれている航空ショーの会場は、大変な人ごみだった。

平成一七（二〇〇五）年一〇月二一日、私はＡＯＰＡ（自家用飛行機操縦連盟）韓国からの招待を受け、愛機のターボプロップ機「ＴＢＭ７００」とともに韓国の軍用空港に降り立った。韓国は北緯三八度線を挟んで北朝鮮と対峙《たいじ》し、今なお「常時戦闘状態」であり、「航空路コリドウを外れると、撃ち落とされる」

などという物騒な警告が航空チャートに載っている。日本から近いとはいえ、海外フライトは緊張感が国内フライトの比ではない。もっとも、そんな緊張感が、自家用飛行機を操縦する者にとっては麻薬的な魅力なのである。飛行機の操縦は、当時多忙を極めていた私にとって、大切な趣味のひとつだった。

その三日前の一〇月一八日は、兵庫の廣野カントリークラブでゴルフコンペに参加していた。深いラフにもがきながらも、スコアー８７で私が優勝する。その日の夜は、近くダイエーから買収する予定だった「神戸西神オリエンタルホテル」に泊まり、神戸牛ステーキを味わった後、同ホテルのスカイラウンジで、二三八室あるこのホテルが、自分のホテルになるという感慨に浸《ひた》った。

これを足がかりに、関西にも一〇〇平方メートル超のマンションを花咲かせていくのが、あの時の私の夢であり、今にして思えば、まさにわが世の春を謳歌《おうか》していたのかもしれない。そのわずか一週間後、天地がひっくり返るような事態に自分が陥ろうとは夢にも思わず、想像さえできなかった。

＊

平成一七（二〇〇五）年一〇月二五日午後三時過ぎ、部下の天木一郎（仮名）設計部長からかかってきた電話が、私にとっての悪夢の始まりだった。

「今、新宿なんですが、自分ではうまく説明できないので、井上先生に代わります」

井上先生とは、ヒューザーの建てたマンションの意匠設計を担当してもらっていた元請の一級建築士のひとりで、「スペースワン建築研究所」代表の井上正一《いのうえまさかず》氏のことである。いつも落ち着きのない話し方をする天木と同様に、井上氏の声も慌てふためいていた。

「下請に姉歯《あねは》という構造屋（マンションの構造計算担当の一級建築士のこと）を使ってい

たんですが、とんでもないことをやったんで、これから小嶋社長のところに連れて行きます」

「とんでもないことって、どういう内容なんですか?」

「イーホームズという建築確認検査機関があるんですが、北千住の件で呼ばれていったら、船橋の『検済《けんずみ》』を下ろせないっていうんですよ。姉歯が構造計算でデタラメなことをやったっていうもんで、私は大変怒りまして」

「検済」とは検査済証《けんさずみしょう》のことで、マンションなどの建築物や敷地が、建築基準法等で定められた規定に適合していることを証明する文書だ。これは、市町村などの特定行政庁や、民間の指定確認検査機関(建築確認検査機関のこと)が交付する。イーホームズは民間の建築確認検査機関のひとつであり、そのイーホームズが、船橋に建てていたマンションに対する検査済証を「交付できない」と言い出した、というのだ。この検査済証がなければ、マンションの購入者に部屋を引き渡すことはできない。

すでに引っ越しの計画を立てているであろう購入者に多大な迷惑をかける上に、ヒューザーも多大な経済的損害を被ると同時に、不動産デベロッパーとしての信用も失う。契約の期日までに部屋を引き渡すことができなければ、ヒューザーが客から契約不履行で訴えられかねないのである。「交付できない」の一言で済ませられては、たまったものではない。

事情を全くつかめない私は、さらに井上氏に訊《たず》ねた。

「デタラメって、どういう内容なんですか？」

「これから姉歯を連れて行きますので、小嶋社長から直接聞いて下さい。過去にも改竄《かいざん》された物件があるとイーホームズは言うものですから、私は『今は聞きたくない』と断ってきたのですが」

外出が多く、むしろ出社しないことのほうが多かった私にしては珍しく、天木と井上氏からの電話があった時、たまたまヒューザーの本社に居合わせた。このことが仇《あだ》となり、のちに私は、警察や検察、そしてマスコミによって耐震偽装マンション事件の〝主犯格〟にされてしまうことになるのだが、この時、そんなことなど知る由もなかった。

天木は私に怒られたくないから、井上氏に電話を代わり、井上氏は自身の責任を問われたくなくて、「姉歯」とかいう一級建築士をここに連れてくるという。私は、少しあせりながら三人の到着を待った。

というのは、その二時間ほど後に、六本木にあるケン・コーポレーション本社に行く用事があったからである。高級賃貸不動産のシンクタンクとして知られる同社は、ホテル運営でもかなりの実績があり、ダイエーから取得する予定だった神戸西神オリエンタルホテルの運営について、相談する予定だったのだ。この日が初めての訪問だったので、約束の時間に遅刻するわけにはいかない。

ケン・コーポレーション本社は六本木通り沿いにあり、混雑を避けるために少し早めに出かけたかったのだが、とんだ足止めを食らったものだ。

＊

ヒューザー本社は、超高層ビル「パシフィックセンチュリープレイス丸の内」の最上階である三一階にあり、三〇〇坪程の広さがあった。本社の窓から東京湾を見下ろす絶景は、東京の摩天楼と呼ぶに相応《ふさわ》しいものだった。晴れた日には、東側に茨城県の筑波山が見え、正面南側には千葉県の館山が、そして西には富士山という大パノラマ。羽田空港に離発着する旅客機を眺め、夕刻からは銀座のネオン街が真下で煌《きら》びやかな光に包まれる。まさに日本の富を象徴するかのような光景だった。

そのヒューザー本社に、天木と井上氏、そして問題の姉歯《あねは》秀次《ひでつぐ》氏が到着したのは、午後四時一〇分のことだ。一刻も早く出かけたかった私は、壁時計で時刻を確認したので、間違いない。

仕立てのよさそうな深緑色のチェックのジャケットを上品に着込み、下半分が縁の無い眼鏡をかけ、無表情な顔でその男――姉歯氏は社長室の応接椅子に座った。「お世話になっています」とか、「このたびはご迷惑をお掛けして申し訳ない」とか、何の挨拶《あいさつ》もない。

　彼を連れてきた井上氏の興奮ぶりとはあまりにも対照的に、姉歯氏は落ち着き払っていた。私は戸惑った。相手は「優秀だ」と評判だった構造計算の専門家であり、何から話を切り出せばいいのかすら、わからなかった。

　私は、姉歯氏に訊ねた。

「先生、何をなさったんですか?」

「……」

「先生、何をしたんですか?」

「テイゲン……」

　俯《うつむ》きながら、聞き取れないほどの小さな声で、姉歯氏は答えた。それが「提言」なのか、それとも「低減」なのか、咄嗟《とっさ》にはわからなかった。どうやら何かを「低減」したのだなと察した私は、質問を続けた。

「何を低減したんですか?」

「……」

「それは、間違えたのですか？」

「……」

「それとも、わざとやったのですか？」

「……」

じっと私を見つめるだけで何も答えない姉歯氏に対し、私は違う質問をした。

「ところで、先生の事務所は、何人で仕事をしているんですか？」

「アルバイトを入れて二～三人」

会話が続かない。

「誰か他に、このことを知っている人はいるんですか？」

「誰も知りません」

「マンションを施工した木村建設は？」

「知りません」

「元請の設計事務所は？」

「知りません」

「姉歯先生、あなたが何をしたのか全然わからないけど、『わざとやった』ということと、『間違えた』ということでは、問題の本質が違うと思うんですが、一体どっちなんですか？」

「……」

なんだか馬鹿にされているような気分になってきた。

「あなたの名刺を返しますので、私の名刺も返して下さい」

姉歯氏から、私の名刺が返された。後にも先にも、渡した名刺をその場で返してもらったことなど、この時以外にない。次の予定の時間が迫り、浮き足立っていた私は、彼を連れてきた元請の井上氏に向かって言った。

「先生、これでは埒《らち》が明かないので、後は先生のほうで、何をやったのか、どう対処すべきなのかを、話し合って下さい」

私は席を立った。ほんの一五分程度の〝話にならない〟対話だった。

＊

ケン・コーポレーションの重役らと料亭で会食し、したたかに酔った私は、この日の夜、部下の天木設計部長に電話をした。

「今、どこにいるの？」

「姉歯先生の事務所です」

「そんなところで何をやってるのよ」

「いろいろ調べてもらっているんですが」

「それで、何かわかったの？」

「それが時間ばっかりかかって、さっぱりわかりません」

「お前が調べてどうするのよ？　設計事務所の先生に調べてもらえばいいじゃないの」

「はい」

「あまり追い詰めずに、早く帰れよ」

「はい。わかりました」

酩酊《めいてい》状態の私は、その後、ヒューザー本社に立ち寄り、社に残っていたマンション販売部門の関連会社「ヒューザーマネジメント」の社長らと会話を交わしたようだ。その際、彼らとどんな話をしたのかは、全く記憶がない。

そして午後一一時、酔いが幾分醒《さ》めてきた私は、報告を聞くべく、再び天木部長に電話をした。天木部長は、まだ姉歯事務所にいた。

「早く帰れと言っただろう。ウチは元請の井上先生に金を払っているのに、なぜお前が調べているんだ？　設計した事務所に調べさせろ！」

私は、叱《しか》り飛ばした。

調べて問題がないならともかく、問題があることを知った不動産業者は即、対応策を講じなければならなくなる。内緒にして物件を販売してしまうことなどできない。

手を打たずに放置することは、騙《だま》して売るのと同義であり、その不動産業者には「悪意」があったと見做されるのである。これは不動産業界の常識であり、そのような不逞《ふてい》な不動産業者は遠からず淘汰《とうた》されるのだ。

しかし今回のケースは、こうした話とは少々事情が異なっていた。そもそも、私自身がまだ、何が起きたのかを全然把握できていなかったからだ。自分の知らない「何か」を隠そうと企てることなど、普通の人間には不可能である。そして私は、普通の人間だった。

モノの順序としては、まずは「問題があるらしい」ことを把握した元請の設計事務所が事実確認をし、善後策を検討した上で、マンションの建て主であるヒューザーに報告してくるのが筋だろう。ヒューザーとしての対応は、それからの話となる。

にもかかわらず、元請の設計事務所は、不祥事を起こしたと思われる建築士をいきなり会社に連れてきて、当人を直接、取り調べて不動産業者自ら事実確認をせよ――というのである。この結果、当社だけに「悪意」があることにされては、たまったものではない。つまり元請の設計事務所は、クライアントである私とヒューザーに対する説明責任を、いまだ果たしていなかった。

しかも、姉歯氏に訊ねたところで、話は全く要領を得ず、私にしてみれば何が起こったのか、さっぱりわからないのである。元請設計事務所としての責任を何ら果たそうとしないスペースワン建築研究所の井上氏に対し、私は腹を立てていた。私が天木に対し、

「設計した事務所に調べさせろ!」

と叱ったのは、こうした理由からだ。

のちに知ることになるのだが、天木部長はこの日の夕刻、ヒューザーマネジメントの高橋浩一(仮名)社長から、

「朝までかかっても調べろ!」

と、半ば恫喝《どうかつ》されながら指示を受けていたのだという。

ヒューザーマネジメント社はこの日の三日後に、神奈川県藤沢市に建てたマンション「グランドステージ藤沢」の引き渡し業務を控えていた。船橋のマンションで起きたらしい「事件」が、他のマンションにも飛び火するのを恐れ、天木部長を恫喝したようだ。特にヒュー

ザーマネジメント社の高橋社長は、自身もヒューザーのマンション「グランドステージ茅場町」に家族とともに引っ越ししたばかりであり、その我が家が大丈夫なのかどうかを気にしていたようだ。高橋社長にとっては他人事ではなかったのである。

ただ、私はそんな恫喝があったことなど、何も知らなかった。ましてや、藤沢のマンションでも姉歯氏が構造計算を手がけていたことも、この時点では知らなかった。三日後に藤沢のマンション引き渡しがあることも、ヒューザーマネジメント社からは聞いていない。買い替えで残金決済の前に先行入居させてほしい場合など、特別な事情がある場合を除き、公庫や銀行ローン決済後の引き渡しといったルーティン業務は、稟議《りんぎ》報告対象ではなかったからだ。どんな商売でも、残金や現金をいただくたびに「物品を客に渡していいでしょうか」と、いちいち社長に尋ねる会社はないだろう。

つまりこの時、まだ「事件」——すなわち耐震偽装事件は発覚していなかった。この事件の〝黒幕〟とされる私が全然把握できていないのだから、仕方あるまい。私がこの事件の概要を正しく認識し、問題が「発覚」するまでには、もうしばらく時間を要することになる。

前祝い

一〇月二六日午前七時、迎えに来たリムジンに乗って東京よみうりカントリークラブに向かった。

到着してクラブハウスで朝食を食べていると、先に到着していたヒューザーマネジメントの高橋と佐藤隆（仮名）が、汗ばんだ顔をしてクラブハウスに入ってきた。練習場にいたようだ。先に触れたとおり、高橋はヒューザーマネジメントの社長で、佐藤は営業部長を兼務する専務だ。

ティーグラウンドに行ってみると、前の組も、その前にいる組も、ラフでボール捜しをやっている。長いラフの中にボールが沈んでしまい、自打球がすぐ見つからないらしい。スタート時間は過ぎていたが、すぐにはスタートできなかった。

「今日はラフも深いし、フェアウェイも狭い。その上、アップダウンもあるから、アベレージゴルファーにとっては〝一〇〇叩きの刑〟だろうな」

と、笑いながら私が軽口を叩くと、

「こんな時にゴルフなんかやっていていいんですかね」

と、佐藤が返事をする。実直な奴だなと思いながら、

「こんな時だからこそ、ゴルフをやるんだろうが」

と、私は言い返した。

私は、「デタラメなことをやった」とされる姉歯という下請の建築士や、元請の設計事務所として責任を果たそうとしないスペースワン建築研究所の井上氏よりも、完成間際の船橋物件に対し、突如として「検査済証を下ろさない」と言い出した、イーホームズなる建築確認検査機関のほうに腹を立てていた。

この当時、建築確認検査機関はマンションの建築において、三段階の検査をすることになっていた。建築を始める前段階で行なう「建築確認」と、工事途中の「中間検査」、そして完成間際に行なう「竣工検済」（検査済証の交付）である。建築確認も中間検査も、このイーホームズが行なっていた。

ならば、なぜイーホームズは、そんなデタラメなものに建築確認を下ろしたのか。さらには、中間検査の配筋検査でなぜ問題があることに気づかなかったのか。これはヒューザーが起こした問題ではなく、建築確認検査機関のイーホームズがデタラメを見逃したことで発生した問題ではないのか。つまり一番の責任は、このイーホームズにあると私は考えて

いた。

なのに、生真面目な佐藤は、自分の会社が起こした問題のごとく、

「こんな時にゴルフなんかやっていて……」

などと言うので、私は「何を大袈裟《おおげさ》な」と思い、

「こんな時だからこそ、ゴルフをやるんだろうが」

と言い返したのである。

スタートしてから何ホール目かのティーグラウンドで、高橋の携帯電話が鳴った。

「天木さんからです」

高橋から電話を渡された。電話に出ると、天木の恐縮したような声が聞こえてきた。

「イーホームズが、小嶋社長に来てほしいと言っているんですが」

「俺はいつでもいいよ。今日でも明日でも」

「そうですか。それでは、先方とアポイントを取ります」

それで電話を切った。その後もゴルフを続けながら、私は考えた。

先方が間違えたのに、何で俺のほうが出向かなければならないんだ?

すぐ高橋に、天木宛てに電話をかけさせた。電話がつながり、私が代わった。

「おい、こら。向こうが間違えたのに、何で俺が行かなければならないんだよ。間違えたほうが謝りに来るのが筋だろう。向こうからこっちに来いと、アポを取り直せ。しっかり交渉しろよ、天木」

私は、叱りつけるように指示した。

ゴルフを終了する間際、再び高橋の携帯電話が鳴る。天木からだった。高橋は、

「イーホームズの社長が、明日（一〇月二七日）の一一時に来ることになったそうです」

と言う。

「よっしゃー。社長が謝りに来るとなれば、問題はもう解決したようなもんだ。後は俺に任せろ！」

私は、はしゃいで喜んだ。でも、高橋と佐藤の二人は、相変わらず不安げな顔をしていた。

＊

ヒューザー本社が入る超高層ビルの地下には飲食街があり、この当時、「五湯道《オタンドン》」という韓国料理の店があった。今はもうない。

この日の夜、この店に会社の部下七～八人を引き連れて訪れ、問題解決の「前祝い」と称して祝杯をあげた。私は前日に引き続き、この日もしたたかに呑んだ。

〝死神〟来社

一〇月二七日。イーホームズの社長が一一時に来社するというので、私はそれに合わせてぎりぎりの一〇時五六分に出社した。

社長応接室の手前には、ヒューザーマネジメント社長の高橋の部屋がある。高橋は入口のドアをいつも開けっ放しにしているので、中の様子は私の部屋の出入口の前からでもわかる。私が社に着いた時、高橋の机の前に天木が立たされ、詰問されていた。高橋は私が来たのに気づいて椅子《いす》から立ち上がり、顔を赤らめながら天木に質問を続けた。

「それで、建物の耐力はどうなの?」

「わかりません」

「建築基準法はクリアしているの?」

「わかりません」

「一体、何を調べてきたんだよ。それを調べろと言ったんだろうが」

「すみません」

「これじゃあ、何にもわからないじゃないか」

「申し訳ありません」

高橋は、東京理科大工学部出身の一級建築士であり、天木は高卒の一級建築士である。そんな一級建築士同士の難解な会話に、普通科の高校を卒業しただけの私が加わっても、そうやすやすと理解できるものではない。高橋の机の上にB４判のコピーが置かれていたので見ると、当社のマンションの分譲実績がコピーされたものに、天木の手書きの文字が書き加えられていた。天木に訊ねた。

「これ、何?」

「昨晩、姉歯先生の事務所で書き留めてきたものです」

「それって何なの?」

「姉歯先生は『地震力の割り増し係数の低減』と言ってました」

「いつから、こんなデタラメをやっていたの?」

「三年前の稲城の物件からです」

そう言われて稲城の欄を見ると、天木の汚い字で「Xが０・??　Yが０・??」などと書かれている。

ヒューザーが手がけたマンションで最も大きな物件は、東京・江東区の「グランドステー

ジ住吉」だった。ヒューザーの社員も購入しており、気になったので、

「住吉はいくつになってるの?」

と、私が聞くと、

「0・3いくつ、でしょうか」

と、天木が答える。

「私の買った茅場町（のマンション）なんか、もっと小さい数字ですよ」

と、高橋が言う。

「あははは、そうなんだ」

と、私は笑った。愛想笑いだった。

私は、この数字が大きいほうがいいのか、小さいほうがいいのか、さらにはどの数値以上ならば問題視されずに済むのかも、さっぱりわからなかった。正直なところ、二人の会話にどう反応すればいいのかもわからず、愛想笑いをするしかなかったのである。

すでに一一時を五分ほど過ぎていた。その場を切り上げ、私はイーホームズとの会談に臨むことにした。

＊

イーホームズの藤田東吾《ふじたとうご》社長からの謝罪は、一言もなかった。

のちにわかることだが、イーホームズ側では、姉歯氏のデタラメを見逃してしまった原因は、国土交通省の大臣が認定する「耐震構造計算プログラム」（計算ソフト）の欠陥にあると考えていたようで、つまり、自分たちは何も悪くないと思っているかのように振舞うのである。なので私は、単刀直入に切り出した。

「船橋の検査済証を下ろさないのであれば、あなた方を告訴する。何としてでも下ろしてもらわなければならない。それこそ、枉《ま》げてでも下ろしてもらわなければならない」

それに対し、藤田社長は、

「船橋は、検査済証を下ろすことはできない。このことは、国交省に報告する」

の一点張りだった。しかも、何が原因でどんなことが起きたのかも解明できていないのに「公表すべきである」という。

昼食もとらずにこの堂々巡りが、三時間以上続いた。他の話題は一切なく、船橋以外のマンション物件の名前が俎上《そじょう》に載せられることもなかった。

埒《らち》が明かないので、社長応接室の外に待機させていた姉歯氏を、部屋に招き入れて質問をすることになる。

こうした事態を引き起こした張本人である姉歯氏は、皆に囲まれても能面のように無表情だった。目は鳥類のごときで、ヒトらしさが全く感じられない。

その姉歯建築士は皆の前で、

「この前の震度5の地震では、どこからもクラックなどのクレームがなかった。震度5までは問題ない」

と、語る。これを聞き、その場にいた全員が黙り込んでしまった。

沈黙の時間がしばらく流れた。ならば、震度6ではどうなるのか？　しかし、一級建築士や建築確認検査機関といった建築の専門家が何人も同席しているのに、誰も発言しないのである。

「震度5までの耐震性では、全然足りないではないか」

と、詰問する者もいない。姉歯氏も、

「震度6では、建物がもたない」

とは言わなかった。

私には、震度いくつまで耐えられれば許されるのかという知識はなかった。しかし、建築士たちから漂う重苦しい雰囲気から、姉歯氏の言い訳が決して通用するものではないことは察した。だから、専門家でもない私が、船橋物件の耐震性は一体どのくらい足りないのかと、姉歯氏に駄目押しして尋ねることは憚《はばか》られた。

震度6は、今の日本ではたびたび耳にする地震の揺れである。だが、この日の会談の結論は、

「船橋物件の耐震性は、震度6に足りない」

というものではなかった。結論を出すためには、ヒューザーとしても調査をする必要があったからだ。

この日、イーホームズからは、他の物件に関する情報提供は何もなかった。藤田氏はA4判程度の紙を持って話していたが、口頭のみの説明で、ヒューザー側には一枚の資料も配付されなかった。

それにしても、なぜ姉歯氏は「計算結果を改竄《かいざん》しての建築確認申請」という違法行為に手を染めたのだろう。誰もそんなことをしろとは頼んでいないのである。しかし、姉歯氏は誰からも頼まれもしないのに、計算結果の改竄を行なっていた。その理由が、この時の私には全く見当がつかなかった(注1)。

会談の最後に、イーホームズの真霜典郎《ましものりお》・危機管理室長が言った。

「竣工物件にも問題があるようなので、こちらも調査しますが、御社（ヒューザー）でも調べて下さい。もっとも、五階建て以下の物件は問題ないようですが」

続いて、イーホームズの中根という部長が、

「耐震計算方法にも、許容応力度計算とか限界耐力計算とか、いろいろあるから、当社も持ち帰って検討しなければならない。問題はあまりにも重大すぎる」

と、語って締めくくった。その発言を受けて私は、

「何とか検査済証を下ろす方向で知恵を出していただければ、耐震補強に要する工事費は当社が負担します」

と譲歩した。このすぐ後に記すが、この時の私は、〃最後の切り札〃となる解決策を頭の中で思い描いていたからだ。

しかし藤田社長は最後まで、問題解決のために一致協力して取り組もうという姿勢を見せることはなかった。まるで、

〃悪いのはすべてヒューザー側だ〃

と言わんばかりの態度なのだ。

私に言わせれば、私たちヒューザーは、デタラメな建築確認検査が引き起こした事件の

被害者なのであり、こんな事件に突然巻き込まれたのは不可抗力としか言いようがない。一体どんな「防ぐ手立て」があったというのだろう。その気持ちは、事件から一〇年が過ぎた今も変わらない。

「無責任極まりないこの男が、自分だけは生き残ろうとして、私の会社を生贄《いけにえ》にしようとしている……」

ヒューザーや私にしてみれば、藤田氏は、ウチの会社の息の根を止めようと企《たくら》む〃死神〃以外の何者でもなかった。そう思うと、未だに腹の虫が治まらない。

＊

こうして、さすがの私も事件の大まかな輪郭をようやく理解し、耐震偽装事件はついに発覚したのだった。

（注1）当時の設計業界では、建築確認申請時に暫定的な構造計算書を出し、設計変更等がなくなった段階で正式な計算書を出し直す慣行があった。だが、建築確認検査機関の中には、暫定的な構造計算書でも審査を通してしまうイーホームズのようなところがあり、〇五年一一月に国交省で行なわれた聴聞会で姉歯氏は「審査を通ってしまい、びっくりしました」と証言していた。

不可抗力なのに、会社存亡の危機

イーホームズとの会談が終了し、帰る藤田社長を見送るべく、藤田氏に続いて社長応接室を出た。玄関に向かう通路の途中、ヒューザーマネジメントの営業部長である佐藤の机の前を通りかかる。佐藤部長は、自分の机の脇に立ち、帰る建築士やイーホームズの面々に向かって会釈をしていた。その佐藤に対して私はすれ違いざま、

「確認が下りていても検済（検査済証）が下りない物件もあるようだから、販売中の全物件について、元請の設計事務所に構造計算を再チェックしてもらうように」

と、大きめな声で指示する。私の三歩ほど前を歩くイーホームズ・藤田社長にもよく聞こえるよう、多少当てつけ気味に言ったのだ。

佐藤部長は、その「指示」の意味を咄嗟《とっさ》には理解できなかったらしく、「はい」とも「わかりました」とも「どうしてですか」とも言わず、キョトンとした顔をして何の返事もしなかった。

【コラム1】捏造された〝会話〟が〝詐欺罪〟の証拠に

この時の模様を佐藤部長は、のちに法廷で次のように証言している。
〝小嶋に「明日の藤沢（物件）の引き渡しは、しても宜《よろ》しいでしょうか」と尋ね、逆に小嶋が「検済はいつ下りたのか？」と質問し、佐藤が「先月です」と答えると、小嶋は「なんだ、まだだったのか」と、少し怒った調子で話した〟

つまり、検査済証がすでに下りているのに、何で今まで引き渡していなかったのだと、私が怒った——というのである。

私はこの時、佐藤に対しては構造計算の「再チェック」を指示したのであり、全く別の話にすり替えられている。この時は酔ってもおらず、記憶は至って明確だ。

全く身に覚えのない佐藤との〝会話〟ではあるが、驚くべきことにこの〝会話〟が証拠として採用され、私は「詐欺罪」に問われることになる。

ましてやこの時、佐藤とは「藤沢物件の引き渡し」について、一切話をしていない。私とこうした〝会話〟のやり取りをしたければ、藤田社長を見送る私に付き添う必要があるが、佐藤は藤田社長の見送りにも加わっていない。そもそも、そばに〝死神〟藤田がいるところでこんな〝会話〟を交わすこと自体が不自然であろう。

佐藤は取り調べで脅され、警察や検察が頭の中だけで描いていた〝犯行のシナリオ〟をしぶしぶ認めさせられ、法廷でもそのシナリオに沿った証言をしたのだろう。ちなみに一般社会では、証拠もないのに勝手なシナリオをでっち上げる行為を「妄想」という。

従って、証拠とされた〝会話〟は、警察か検察のいずれかが捏造《ねつぞう》したものだと、私には断言できる。こんな無法行為が警察や検察の中で堂々とまかり通っていることには驚かされるばかりだが、今の日本の刑事司法制度にはこうした行為を禁じ、裁き、罰する手立てはないようで、事件から一〇年が過ぎた今もなお、耐震偽装事件捜査の際に発生した「証拠の捏造行為」は何ら問題視されていない。

しかも、私が問われた「詐欺罪」は、「耐震偽装事件の首謀者」としてではなく、耐震偽装事件に巻き込まれたマンションを「騙《だま》して売った」ことが罪だとされた。読者の皆さんには、こんなところにも着目していただけると幸いである。

藤田社長をヒューザー本社の玄関まで見送り、昼食抜きの会議で腹のへった私は、その場にいた社員に「一階のコンビニでパンとおにぎりでも買ってきてくれ」と頼み、天木設計部長を捜した。

玄関近くにある会議室に入ってみると、そこには元請の一級建築士らとヒューザーマネジメントの高橋社長、佐藤部長、そして天木設計部長がいた。

「こんなことが公表されたら、営業できなくなる」

と、高橋がいきり立っている。だが、公表せずに済む次元の話ではない。それに、イーホームズの藤田社長は繰り返し、

「このことは、国交省に報告する」

と、語っていた。ヒューザーが隠し通そうと思ったところで、どだい無理な話である。高橋のような考えでは、この難局はとても乗り切れないな、と思いながら、私は話を聞き流した。「営業できない」どころか「会社存亡の危機」なのである。

それも、ウチの会社だけの問題ではない。姉歯氏が構造計算で関係しているマンションには、他社のものもあったからだ。

「そう言えば、あそこの不動産デベロッパーにも、姉歯氏の事務所を紹介していた……」

そんなことも思い出し、卒倒しそうになった。

「このままでは確実に、『社会問題』と化す規模の一大不祥事にまで拡大する」

私はそう見ていた。

イーホームズとの会談の後には、私たち夫婦の仲人をしてもらった恩人の父上の葬儀に出席しなければならなかった。設計部長の天木にはあとで電話で話すことにし、元請の一級建築士らに挨拶《あいさつ》だけして、ヒューザー本社を出る。葬儀の会場は千葉県銚子市で、午後五時からだった。高橋らと議論している時間はなく、私は少し焦りながら出かけた。

＊

私は、銚子市に向かう車中で、まずはヒューザーの顧問弁護士である船尾徹弁護士に電話をする。

この時の私の認識は、

「ヒューザーのマンションの構造計算を担当していた姉歯一級建築士が、計算結果の改竄を行なって建築確認申請をし、イーホームズという民間の建築確認検査機関がその改竄《かいざん》を見破れずに確認済証を出したことにより、船橋に建築中のヒューザーのマンション二棟が、いわば違法建築状態になっている」

というものだ。まず、このことを船尾弁護士に伝えた上で、ヒューザー社長としての私の考えを説明した。

「建築中の船橋物件二棟については、地震力に耐えられる階数まで上層階を削って検査済証を取り、削った分の部屋は解約して手付金や購入代金を返金することで、対応できる」

これが、私の考えていた〝最後の切り札〟となる解決策だった。

しかし、すでに竣工し、住民が入居済みの物件については、この手は使えない。姉歯一級建築士が構造計算に関わっていた入居済みのヒューザー物件は、この日、複数棟あるらしいことが判明していた。三年ほど前から、事件が発覚する今日までの間、建てられていたものの一部だ。まずは、そのすべてで構造計算の改竄が行なわれていたのかどうかを確認する必要があった。

これほどの大問題に直面してしまえば、中堅の不動産デベロッパーではどんな手を打ったところで挽回は不可能で、文字どおりの〝万事休す〟状態である。そこで、

「住民が入居済みで、今後、不法建築であることが判明・確定した物件については、国が認可した民間の建築確認検査機関が改竄行為を見破れなかったことに今回の件は端を発しているのだから、住民とともに国家賠償請求訴訟を起こしたい」

と、船尾弁護士に伝えた。

すると、すぐさま船尾弁護士から窘《たしな》められる。

「そんなことをしたら、会社が持ちこたえられない。会社の存続を最優先に考えるべきではないですか」

私は、すでに覚悟を決めていた。つまり、自分が興したこの会社は、これで終わってもいいと思っていた。

別に、諦《あきら》めがいいわけではない。繰り返しになるが、ヒューザーにしてみれば今回の事件は、姉歯というひとりの一級建築士が行なったデタラメなデータ改竄によって引き起こされた、壮大な詐欺事件なのである。それは、自力ではとても避けようのない不可抗力であって、しかも、本来であればそうした不正行為を見抜き、阻止するためにあるはずの建築確認検査までがザル審査だったことで、発生していた。

姉歯からは詐欺。イーホームズからはザル審査。つまり、ヒューザーは二重の意味で被害者であり、さらには不可抗力なのだから、悔しくないわけがない。

だから、私は船尾弁護士にこう答えた。

「会社の存続は考えてない。それよりも、国家賠償請求訴訟を起こしたい」

天に向かって唾《つば》を吐くような行為なのかもしれない。しかし、この時の私の正直な心情は、「きちんとした審査もせずにカネだけ取り、改竄も見破れず、その結果、不法建築を生み出すことになったイーホームズのようなところに、建築確認検査の代行をさせるというデタラメな行政をやっている国交省の責任を追及しなければ、ウチのマンションを購入してくれた皆さんに申し訳が立たない」

と、いうものだったのだ。大人気ないとは思うが、私なりの〝正義感の発露〟だったのかもしれない。

次に電話したのは、設計部長の天木だった。私はまず、北千住で近く予定していた新築マンションの地鎮祭を取りやめるよう指示する。そして、「持ち帰って検討しなければならない」と言っていたイーホームズが、次にどんな検討結果を持ってくるのかを待ち、その後にヒューザーとしての対応方針を決めることにした。

イーホームズとの交渉の窓口役となっていたのは天木だったので、船橋物件の階数を削って対応する〝最後の切り札〟の件は、イーホームズ側には絶対に伝えないよう指示する。今、伝えてしまえば〝最後の切り札〟にならなくなるからだ。

このまま、むざむざと敗れ去るつもりはなかった。

反撃準備

当時の私は、国交省役人の天下り先でもある社団法人・日本住宅建設産業協会で、理事職や「中高層委員会」の委員長職を拝命していた。国交省と喧嘩《けんか》をするのであれば、これらの職を辞さなければなるまい。

私が電話をかけた三人目は、同協会の筆頭理事であり、総務委員長を務める「花沢建設」の花沢《はなざわ》仁《ひとし》社長だった。ヒューザーが巻き込まれた事件の詳細を報告するため、翌日にも会いたい旨を伝え、

「姉歯が提出資料を改竄《かいざん》し、検査済証をイーホームズなどから取得していたマンションが、ウチだけでも過去に何棟かあり、ウチには一〇年の瑕疵《かし》担保責任があるので、これからその処理をしなければならず、大変なんです」

と、話した。私は、すぐにでも理事職と委員長職の辞表を提出するつもりだった。

その後も車中の私は、次々と電話をかけ続けた。今度は、ヒューザーのマンションの多くを手がけていた建設会社・木村建設（本社・熊本県八代市《やつしろ》）の東京支店長、篠塚《しのづか》明《あきら》氏である。問題の船橋物件の構造計算を担当した姉歯氏は、もともとは木村建設の東京支店

の仕事をしていたこととの縁で、ヒューザーの仕事もするようになっていたからだ。

篠塚支店長はこの時、中国・上海に滞在中だった。私がこの日までに知りえた情報を、篠塚支店長に伝えた。

「民間の建築確認検査機関であるイーホームズは、姉歯一級建築士がやった改竄行為を、査察と内部監査によって知ったようだ。それを彼らが知ったのは一昨日（一〇月二五日）のことで、知ってしまったからには船橋物件の検査済証を『下ろすことはできない』と、イーホームズは言っている。

ウチの仕事をやっているどの設計事務所にしても、姉歯が構造計算でデタラメなことをやっていたことは〝寝耳に水〟の話で、誰も知らなかった。姉歯は『木村建設の担当者にしても、誰も知らない』とも言っている。

これまでに竣工した建物は、1・25の地震力に対する水平力とかいうのを0・5で処理しているというので、横揺れに対しては半分以下くらいの耐震力しかないようだ。入力データと出力データとで違うものを途中で貼り付け合わせたりして、極めて悪質な改竄をしていたらしい。

これから着工する予定の物件は、着工を取りやめ、確認済証を取り直せば済むが、問題なのは、これまでに竣工している物件だ。竣工して売れ残っているものもある。

木村建設にお願いしている船橋の物件も、耐震力の範囲に収まるよう上層階部分を削るしかない。だから船橋の工事も一旦ストップさせたほうがいいだろう。このまま工事を続けても売り物にはならないし、賃貸マンションにするにしても、違法建築なのだからいずれ取り壊し命令が出るだろう。それに逆らって貸し続けるわけにもいかない。

設計上の耐震力が半分以下しかないということは、建物の高さも半分までしかダメということになるのだろうか。何階までだったら地震に耐えられるのか、設計事務所に問い合わせて大至急調べてもらいたい」

ここまで伝え終わり、私は、木村建設の木村盛好《きむらもりよし》社長の身を案じた。姉歯氏との付き合いは、ヒューザーよりも木村建設のほうが長く、木村建設の東京支店が手がけていた建物で、構造計算のほとんどを担当していたのが姉歯氏だったからだ。その大半が違法建築だとすれば、被る損害はヒューザーの比ではなく、もっとひどいものになることが予想された。木村社長は高齢でもあり、この話を聞いたショックで体を壊さないか、心配でならなかった。

私は篠塚支店長に、今日、イーホームズの社長らと会談を持ったことも伝えた後、姉歯氏やイーホームズに対しては損害賠償請求の訴訟や刑事告訴を考えており、さらには国を相手に国家賠償請求訴訟を起こすつもりであることと、この事件で受けるダメージによってヒューザーはもう終わりだろうと覚悟していることも、正直に話した。

「訴訟を起こせば事件が表沙汰《おもてざた》になってしまうので、提訴を避けることはできないか」

という篠塚支店長に対し、この時の私はこう答えている。

「間違って確認済証や検査済証が下ろされていたものに関しては、違法建築であっても不可抗力だということで、表には出さずに解決できるのであれば、裁判などせずに済ませてもいいとは思う。

だが、改竄されたインチキ申請に対して簡単に確認済証や検査済証などのお墨付きを与え続けてきたイーホームズや、市町村などの特定行政庁は、ひどすぎるのではないか。許されないことだとは思わないか」

姉歯氏がやっている構造計算専門の設計事務所は、アルバイトの従業員も含めて二〜三人で運営しているような小規模な事務所であり、今回の件の損害賠償請求をしたところで、支払い能力などない。

イーホームズにしても、調べてみると年間売り上げは二億七〇〇〇万円ほどで、うち利益が二〇〇〇万円くらいしかなかった。ヒューザーが受けた損害を補填《ほてん》するためには全然足りないが、だからといって彼らを許す理由にはならない。

＊

この後、再び設計部長の天木に電話をかけ、今後の対策を相談する。問題の船橋物件は二棟あり、そのひとつは木村建設が施工していることはわかったものの、もうひとつの物件はどこの建設会社が施工しているのか、私は知らなかった。それがわからなければ、施主の意向を伝えることもできない。今後の工事を一旦ストップさせ、たとえ商売にならなくても上層階を削り取り、違法建築状態のマンションを合法建築に模様替えさせる必要がある。二棟の船橋物件は赤字案件として処理するつもりだった。

すでに引き渡ししてしまった物件に関しては、これからの手続きの進め方を顧問弁護士と打ち合わせをすることにした。北千住での地鎮祭取りやめの件は、銀行にも伝えておかなければならない。天木設計部長に、これらの指示を出した。

会社経営者としての私の仕事は、部門長に指示することであり、最低限、経営者としてやるべきことはやったと思う。

「後は、指示通りよろしく頼む」

そう言って、私は電話を切った。

銚子斎場への到着は、開始時間ギリギリの午後四時五四分だった。午後五時からの葬儀と聞いていたが、斎場内にはすでに読経が滔々《とうとう》と流れていた。仲人をしてくれた恩人が喪主を務めており、私の到着に気づいた恩人は、

「わざわざ遠いところを」

と、ねぎらいの言葉をかけてくれる。

焼香を済ませた私は、車を待たせている場所に取って返し、ヒューザー本社への帰路についた。

冤罪で身を破滅させるほどの「誤解」

帰路の車中でも、私は電話をかけ続けた。ＡＯＰＡ（自家用飛行機操縦連盟）が主催するフィリピン・マニラへのフライトがこの直後に計画されており、私も参加する予定だったのだが、耐震偽装事件への対応でとても無理な状況になってしまった。残念だが、ＡＯＰＡ事務局とフライト仲間に、キャンセルの電話を入れる。もちろん、キャンセル理由は「耐震偽装事件への対応」であることを正直に告げた。

次に、ヒューザーマンションの販売会社であるヒューザーマネジメントの佐藤営業部長に電話をかけ、今後の対応に関する指示を出した。その内容は、先に設計部長の天木に伝えたものと同じで、

（1）売れてない物件で、姉歯が構造計算に携わっている物件は、取り敢えず販売中止にする。同様の指示は、すでに天木にもしてある。

（2）契約が終わっているもので、まだ引き渡していないものに関しては解約する。手付

金や購入代金を返金するので、その準備を進めておくこと。

（3）姉歯が構造計算に携わっている物件の「解約予定一覧表」を作ってくれ。

というものだ。

一連の指示を出し終えると、佐藤が、

「『明日、予定のもの』はどうしますか？」

と、聞いてきた。

「明日？」

「明日は（一〇月）二八日ですが」

明日の日にちを聞くつもりなどなかった私は、

「いや、そういうことではなく、何の件？」

「契約予定とか、申込予定が二件ですが」

「あーそう。それじゃあ取り敢えず『明日のもの』に関しては、そのままやっちゃって」

「明日の分は、やっちゃっていいんですね？」

「うん。営業部はわからなかったっていうことにしておこうや、そこまでは。それで、姉歯の設計した分に関しては、販売は取り敢えず中止だ。船橋の物件も、解決がつくまでは販売中止」

＊

この時、私は「明日の予定」が何のことを意味しているのかを、完全に誤解した。佐藤が説明した「契約予定とか、申込予定が二件です」というのが「明日の予定」と受け取ったのだ。しかし、佐藤にしてみればこの時、「藤沢の物件の引き渡し」のことを私に尋ねたつもりだった――というのである。わかりやすく言い換えれば、

「明日、藤沢の物件を引き渡しちゃっていいんですね？」

と、尋ねたつもりでいたらしい。そして、それに対する私の答えが、

「うん。営業部はわからなかったっていうことにしておこうや、そこまでは」

だったと、佐藤は受け取ったのだ。勘弁してくれよ、と言いたくなる。誤解を招くようなあやふやな言い方をするから、こちらも誤解するのである。そもそも私は、佐藤から「明日の予定」を尋ねられる前に、前掲したとおり、

「契約が終わっているもので、まだ引き渡していないものに関しては解約する。手付金や購入代金を返金するので、その準備を進めておくこと」

「姉歯が構造計算に携わっている物件の『解約予定一覧表』を作ってくれ」

と、明快に指示しているのだ。この指示こそが、この時の私の基本姿勢であり、「藤沢の物件の引き渡し」がこの指示に真っ向から反するものであることは、誰にでもわかるだろう。どうして指示した直後に、言ったばかりの基本姿勢をいきなり翻《ひるがえ》すようなことを、私が承認できるというのか。

今だから理解できることだが、この時の佐藤は、肝心の私の指示を上の空で聞き流していたのだろう。彼の頭の中は、

「明日、予定どおりに藤沢の物件を引き渡せるのかどうか」

という心配で、いっぱいいっぱいだったのかもしれない。でなければ辻褄《つじつま》が合わない。

佐藤は指示を「聞き流した」わけではなかった――ということもありえる。指示はちゃんと聞いており、

「このままでは藤沢の物件を引き渡せない」

と、怖くなったからこそ、私に「明日の予定」を尋ねたつもりだった――というケースだ。

もし、そうであるならば、なぜ私が誤解しないよう、きちんと話してくれなかったのか。

ともあれ、佐藤は私の指示に従わなかった。そして私は、佐藤の話を誤解した――。

平常時であれば、たったそれだけのことである。だが、よりによって最悪のタイミングで、このディスコミュニケーションは発生した。そして、この時の私の誤解が、のちに私自身を「詐欺を働いた罪人」として破滅させることにつながるのである。

【コラム2】社長の指示に従わなかった「営業部長」

世の中には「致命的な誤解」というものがあるのだとしても、誤解したことをもって「有罪」とすることは、果たして道理として許されるのだろうか。

【コラム1】でも取り上げた佐藤の法廷での証言では、なぜか私の「指示」の話がすっぽり抜けている。私の指示を聞き漏らしていた証拠だろう。

「藤沢の物件」――すなわち、ヒューザーのマンション「グランドステージ藤沢」（神奈川県藤沢市）はこの時、完成したばかりであり、イーホームズが前月の二〇〇五年九月に検査済証を下ろしていた。そして、佐藤営業部長と電話でやり取りした翌日の一〇月二八日に、全三〇戸のうちの一七戸が、初めて入居者に引き渡されている。それまでは一戸も引き渡されていなかった。

マンションの販売会社であるヒューザーマネジメントにしてみれば、マンションを期日どおりに入居者に引き渡すのは契約行為であり、引き渡さなければ契約違反になる。しかも入居予定者たちは、それまでに住んでいた家を売ったり、賃貸マンションを解約したり、引っ越しの準備もしている。

さらには、この段階ではまだ、「引き渡してはならない」という法的根拠がハッキリしていなかった。引き渡さないために必要なのは、藤沢市長の「使用禁止命令」である。それがないまま、入居者にどんな説明をすれば、納得してもらった上で引き渡しを先に延ばすことができたのか。一〇月二七日の時点で佐藤が焦っていた気持ちは、一〇年後の今であれば大変よく理解できる。

が、「明日の予定」が「グランドステージ藤沢の引き渡し」を意味していたことを私が初めて知ったのは、佐藤と電話のやり取りをした一〇月二七日より一カ月以上も後の、一二月初旬のことだった。

事の次第はこうである。国家賠償請求訴訟を起こすべく、一〇〇〇万円以上の相談料を支払ったB法律事務所が一向に国賠訴訟を起こさないことにイラついた私が、B弁護士を問い詰めたところ、

「お宅の天木さんが、一〇月二五日に姉歯事務所で調べているのが問題なのですよ」

と、言われた。

「それが、どういう問題だと？」

「一〇月二八日に、藤沢の物件を引き渡しているでしょう」

「その日だったかどうか……」

「知っていて引き渡したとなると、法的に問題になるでしょう」

そう言ってB弁護士は、ニヤリと笑ったのである。一〇月二五日、深夜まで姉歯事務所にいた設計部長の天木に対し、

「早く帰れ！　なぜお前が調べているんだ？　設計した事務所に調べさせろ！」

と、電話で叱ったことを思い出した。

その翌日、佐藤営業部長を社長室に呼び、藤沢物件の引き渡し日を確認した。一〇月

二八日に一七戸が初めて入居者に引き渡され、それまでは一戸も引き渡されていなかったことを私が認識したのは、この時が初めてである。佐藤が法廷で証言した、

〝小嶋は「なんだ、まだだったのか」と、少し怒った調子で話した〟

のは、実はこの時のことなのだ。

ただ、ヒューザーの職員で知らなかったのは、何も私だけではない。知っていたのは恐らく、佐藤と高橋の二人だけだろう。

なぜなら、佐藤を聴取した直後、藤沢物件の引き渡しに立ち会った業務担当社員たちを社長室に呼び、藤沢物件を引き渡した当日の時点で、姉歯氏が行なった構造計算の改竄のことを知っていたかどうか確認したところ、彼らもまた、知らなかったのである。とんでもないことをしてしまったと動揺する彼らに私は、

「君たちには何の責任もない」

と、言葉をかけ、慰めたのだった。

つまり、私の詐欺罪の証拠とされた、

〃小嶋に「明日の藤沢（物件）の引き渡しは、しても宜《よろ》しいでしょうか」と尋ね、逆に小嶋が「検済はいつ下りたのか?」と質問し、佐藤が「先月です」と答えると、小嶋は「なんだ、まだだったのか」と、少し怒った調子で話した〃

という佐藤の証言は、二〇〇五年一〇月二七日の電話での会話と、同年一二月初旬に佐藤営業部長を社長室に呼んで藤沢物件の引き渡し日を確認した時の会話を、継《つ》ぎ接《は》ぎしたものなのである。「少し怒った調子で話した」のは、社長である私の「指示」に、部下である佐藤が従っていなかったからに他ならない。

ちなみに、銚子からヒューザー本社への帰路の車中で私が佐藤と話した電話の内容は、同行していた秘書が機転を利かせて録音してくれており、その証拠である「録音データ」の現物は、警察に押収されずに済んだために証拠隠滅を逃れ、今も私の手元にある。

車中での私と佐藤の電話は、私が「明日の予定」の意味を誤解したまま、この後もしばらく続いた。

私はその後も、佐藤に対する指示を出し続けた。〞最後の切り札〟となる解決策の、

「建築中の物件については、地震力に耐えられる階数まで上層階を削って検査済証を取り、削った分の部屋は解約して手付金や購入代金を返金する」

という私の考えを伝え、

「地震力に耐えられる建物に縮めちゃったことの説明をして、それでも『買います』と言う人には、契約を継続してもらう——という段取りになろうかと思う」

と、話した。すると佐藤が尋ねる。

「藤沢も削ったりするんですか？」

「藤沢？　藤沢に関しては、もう検済（検査済証）が下りちゃってるんでしょ？」

「もう、先月には下りてます」

販売許可の〞お墨付き〟である検査済証がすでに下りているのであれば、わざわざ上層階を削る必要などない。

船橋物件の対応策を話しているのに、何で佐藤は唐突に藤沢の話なんか持ち出すのだろう……と、不思議に思いながら、私は答えた。

「だから、ここまでに引き渡したものに関してはそこまでで、基本的に新しい販売はしない」

「じゃあ、藤沢は削ったりしないんですね？」

「ああ」

「引き渡し済みの問題物件については、どうするつもりですか？」

「国家賠償を求める裁判になろうかと思う」

「国家賠償請求の裁判やって、勝てるんですか？」

「私も、その行方は知りません（笑）」

「裁判沙汰《ざた》になったら、営業なんかできなくなりますけど」

「ひどい話になったね。なんか順調すぎて気持ち悪いとは思っていたんだけどさ」

「本当に順調だったたんですけどね」

「ああ」

「とんでもない落とし穴があるものなんですね」

「しょうがないよ。もう不可抗力だと思って、あとはお客様方の信頼をきっちりと確保できる方向で、これから対応していこうや」

そう言って、私は電話を切った。

本来あるべき耐震性の「二〜三割」しかない？

姉歯氏が行なった構造計算結果の改竄により、船橋物件二棟の耐震性に何らかの問題が発生していることはわかっていたものの、それが一体どの程度の問題なのか、建築設計のイロハを知らない私はいまだに理解できないでいた。

それがようやく理解できたのは、佐藤の次に電話をした井上正一・一級建築士から、姉歯氏の行なった「耐震偽装」行為の意味を解説してもらった時のことだ。井上建築士とは、一〇月二五日にいきなりヒューザー本社に姉歯氏を連れてきた、問題の船橋物件（セントレジアス船橋）の元請設計事務所「スペースワン建築研究所」代表の井上氏である。

＊

私は、自分の編み出した〝最後の切り札〟を実行するためには、一体どれくらいまで上層階を削ればいいのか、あるいは耐震性自体を補強して向上させる工事方法はないのか、井上建築士に尋ねた。

井上建築士の説明によれば、建築中の船橋物件は、本来あるべき正規の計算方法に対して一割以上の耐震力が減殺《げんさい》されるのだという。だが、それはあくまでも机上の計算の話であり、実際の耐震力は、それ以上である七割か、七割五分以上も減殺されるだろう――というところまでの説明を聞いて、私は思わず「エーッ」と、驚きの声を上げた。録音データでも、私はこの時、文字どおり素《す》っ頓狂《とんきょう》な驚きの声を上げている。

本来あるべき耐震性の二～三割しかないというのである。この時、私は初めてコトの重大さを理解した。

井上建築士は、姉歯氏のやった「耐震偽装」の手口とその意味を、建築設計の素人である私でもわかるように解説してくれた。姉歯氏がやったという「地震割増係数の低減」とはすなわち、建築で使うコンクリートの量と鉄筋の量を少なくすることなのだという。しかし、そんなことをしてほしいとは、誰も姉歯氏に頼んでいないのである。姉歯氏が勝手にやったことらしい。

そこまでの話を聞きながら、姉歯氏への怒りや憎しみの感情は不思議と湧いてこなかった。私の怒りや憎しみの対象は、建築確認検査機関のイーホームズであり、藤田東吾《ふじたとうご》社長だった。

私は井上建築士に言った。

「しかし、何を審査していたんですか？　ふざけてるよね。あいつらの態度は許せない。

これは本来、『申し訳ない』と言って向こうから謝ってこなければならない出来事でしょう。杜撰《ずさん》な許可を出すからこんなことになっているのであって、ウソだと一発で見破って『これはダメです』と却下さえしておいてくれたら、何でもなかったことなんですから。

本当にひどい話になってしまったけれど、藤田社長の態度は許せない。最初から、『船橋の検査済証を下ろさないのであれば、あなた方を告訴する。枉《ま》げてでも下ろしてもらわなければならない』

という出方をして、最適でした。だって、そうでしょ？　あいつらには、義理も恩義もないんで。

我々も知ってしまったなら、インチキの違法マンションを知らない顔して売ることもできない。もう今は、全部に販売中止をかけたけど。あいつらには損害賠償請求の訴訟をしますので、〝最後の切り札〟を実行するには、イーホームズとは別のところで検済（検査済証）を取る前提でいたほうがいいでしょうね」

一〇分ほどの電話だった。

【コラム3】二重に破綻した検察の〝犯行シナリオ〟

携帯電話会社の記録によると、井上建築士から耐震偽装についての説明を受けたこの電話は、銚子から東京へと戻る車中の二〇〇五年一〇月二七日の午後五時五〇分四〇秒から同六時一分二〇秒までの間のものだった。

しかし、私の「詐欺罪」裁判で検察側は、井上氏によるこの時の説明について、「ヒューザー本社に井上建築士が姉歯氏を連れてきた一〇月二五日の午後四時頃に、井上氏から行なわれた」

とした。もし、それが事実だとすれば、その日の夜の天木設計部長による「姉歯事務所調査」は何ら必要なかったことになり、辻褄が合わない。

そもそも、その日が姉歯氏と初対面だった私は、姉歯氏をいきなり連れてきただけできちんとした事実確認をせず、クライアントである私とヒューザーに対する説明責任を果たそうとしない井上建築士に対し、腹を立てていたくらいなのである。

検察の描いた〝犯行のシナリオ〟は、ここでもまた破綻《はたん》していた。「事実誤認」などという生易しい話ではない。佐藤営業部長の法廷での証言と同様、検察による証拠の意図的かつ悪質な捏造である。

しかし一審判決は、イーホームズとの会議終了後である一〇月二七日の午後二時頃までに私が耐震偽装事件の全容をほぼ知り、その上で佐藤に対してグランドステージ藤沢の引き渡しを翌一〇月二八日に予定どおり実行するよう指示したと、事実認定していた。

その後、私は、すべての責任をヒューザーに転嫁しようと企むイーホームズに対抗すべく、知人の政治家たちにも、事態収拾への協力を要請する。その政治家の中には、船橋物件を所管する特定行政庁である船橋市や、建築確認検査機関としてのイーホームズの所管官庁である国交省への仲介の労を取って下さった方々もいる。

だがそのことが、そうした恩のある政治家の先生方に、その後、途轍《とてつ》もない迷惑をかけることになってしまうのだ。そのことが、事件から一〇年が過ぎた今も、悔やまれてならない。この場をお借りして、「耐震偽装事件」の際にお世話になった諸先生方に、改めてお詫びと御礼を申し上げたい。

第三章　不覚

妄想の産物だった耐震偽装〝組織犯罪〟の構図

「耐震偽装事件」が世間に広く知られるようになるきっかけは、二〇〇五年一一月一七日に国交省が突然開いた緊急記者会見だった。何の前触れもなく「緊急」に行なわれたもので、中でも世間に衝撃とともに受け止められたのは、

「震度5強で倒壊の危険」(『毎日新聞』二〇〇五年一一月一八日付朝刊一面見出し)

があるマンションやホテルが多数存在すると発表されたことだった。国交省の発表を受け、のちに取り壊される運命をたどった分譲マンションの数は、ヒューザーのマンション一〇棟も含め、全部で一二棟にのぼる。

ヒューザーとイーホームズの会談の際、同社の藤田社長は、

「このことは、国交省に報告する」

と、盛んに言っていたので、ただちに「報告」して、この「緊急記者会見」へと至ったのだろう。

新聞報道や藤田社長自身の著書『月に響く笛　耐震偽装』(講談社刊)などによれば、イーホームズが姉歯一級建築士の構造計算結果の改竄《かいざん》行為に気づいたのは、姉歯氏と仕

事で競合する同業他者からのタレコミが発端だったようだ。国交省会見の前月に当たる、二〇〇五年一〇月の話である。

タレコミを受けてイーホームズは、姉歯氏が構造計算を請け負い、自社で建築確認を行なっていた物件を調査したところ、二〇棟ものマンションで、構造計算結果の改竄行為が確認されたのだという。しかも、そのうちの一三棟はすでに完成していた。検査機関でありながら、構造計算結果の改竄を見逃し続けていたイーホームズは、姉歯氏の違法行為に〝お墨付き〟を与えていた格好になったのである。

しかもイーホームズと藤田社長は、内部調査などでつかんだ情報や分析結果を社外に公表する段になって、重大な誤りを犯す。

第二章で詳述したとおり、ヒューザーとイーホームズの会談が行なわれたのは、二〇〇五年一〇月二七日のことだ。藤田社長はその前日の心境を、前掲の『月に響く笛』の中で次のように告白している。

「(ヒューザーの) 天木常務が、ゼネコンや姉歯の偽装によって浮いたコストからマージンをバックしてもらっていたのではないか、僕はそんな推測もした」

「もし会社ぐるみの偽装であった場合、彼らが口封じを目的として僕らを身の危険に晒《さら》そうとしてくるという最悪のケースも考える必要があった」

まるで、被害妄想に取り憑《つ》かれているかのようである。それほどまでに追い詰められた精神状態でヒューザーとの会談に臨んでいたのだと知れば、藤田社長が会談の際、問題解決のために一致協力して取り組もうという姿勢を見せることが一切なかったことにも、なるほど合点がいく。

藤田氏の「妄想」とは違い、事実は、姉歯氏が構造計算結果の改竄を行なったヒューザーのマンションで、改竄したことによりコストダウンが図れた物件など、一棟もない。それどころか、私が当時の工事原価を調べたところ、合法的に建てられたマンションよりもかえって割高になっていた物件が多かったのである。それもそのはずで姉歯氏は、藤田社長が「推測」するようなコストダウンを目的に耐震偽装をしたわけではなく、構造計算の仕事を大量に捌《さば》くべく、いわば「手抜き」をしていたのだ。そしてそれがバレるまで、姉歯氏は「構造計算結果の改竄」を繰り返していた。

また、天木の名誉のためにも付け加えておくと、ヒューザー内で姉歯氏からバックマージンを得ていた者などひとりも存在しない。

「推測」と断りさえすれば、何を書いても許される――。

そんなわけがないことくらい、一般常識を弁《わきま》えた人であれば誰でも知っている。

最も許しがたい藤田氏の「重大な誤り」は、藤田氏が国会での参考人招致の際、

「もし偽装が意図的・人為的に行なわれるのであれば、一番利益を得るのはデベロッパーだろう――」

つまり、自分たちイーホームズは、耐震偽装事件の主犯をヒューザーだと見立て、調査していたのだ、と証言したことだろう。

二〇〇五年一一月の耐震偽装事件発覚以降、マスコミでかしましく語られていた「耐震偽装のシナリオ」とは、大筋でこんなものだった。

マンション業者（=不動産デベロッパーの小嶋）と建設会社（=木村建設の篠塚・東京支店長）、そして一級建築士（=姉歯氏）らが結託し、建設コストを下げるため、地震の耐震強度データを改竄した。

そのようにして建てた格安マンションを売りまくり、私腹を肥やしていたばかりか、その事実を隠蔽《いんぺい》しようと、政治家まで動かしていた――。

賢明な読者の皆さんであれば、もうおわかりだろう。ヒューザーとイーホームズの会談前日の「推測」と、国会での参考人招致の際の藤田「証言」、そして、マスコミで語られていた「耐震偽装のシナリオ」は、見事なまでに一致する。根拠もないまま妄想を膨らまし、「姉歯＋建築会社＋ヒューザーによる組織犯罪」

という構図を自分勝手に描き、それをそのまま国交省やマスコミに「報告」して世間を大混乱に陥れた張本人は、実は藤田社長だった。とんだ「検査機関」である。

ただ、彼にとって最大の誤算だったのは、その後、報道によって「藤田社長も組織犯罪の一味」と疑われる事態に陥り、自分まで逮捕されるに至ったことだろう。

私に言わせれば、

人の迷惑も顧みず、ただ自分が儲《もう》けるためだけに手抜きをし、それがバレるまで改竄を繰り返した姉歯という空《うつ》け者が事件の幕を開け、自己保身のために「組織犯罪陰謀」説をでっち上げて吹聴した藤田という粗忽者《そこつ》が、本来救済されるべき大勢の「姉歯事件」被害者を巻き添えにしながら、自分まで逮捕されて幕を閉じた――。

というのが、この「耐震偽装」物語のあらすじである。このあらすじに従えば、私などは物語の端役である「事件被害者のひとり」に過ぎない。

森田氏の遺書

国交省が開いた緊急記者会見からちょうど一週間後の二〇〇五年一一月二四日、国交省は姉歯氏を同省に呼びつけ、聴聞会を開いた。彼の一級建築士免許を取り消すことを目的としたものだ。この手の聴聞会は非公開が原則だが、その日の聴聞の模様をなぜか詳細に伝えている新聞記事がある。

《姉歯建築士は11月24日、国交省での聴聞で木村建設、ヒューザー、シノケン（福岡市）の3社の名を挙げて圧力を受けたと指摘した。木村建設の篠塚元支店長について「鉄筋を減らせと言われ、『安全性に問題が生じる』と答えましたが、『できなければ他の業者に代える』と言われました」と具体的に語っている》（『朝日新聞』二〇〇五年一二月七日付朝刊）

さも、記者がその場にいて話を聞いていたかのような記事だが、実際は、国交省からの情報提供がなければ書きようがない記事である。とはいえこの記事は、国交省もまた、藤田氏の唱えた「組織犯罪陰謀」説に踊らされていた証拠に他ならない。

のちに姉歯氏は自身の第一回公判で、「圧力を受けた」とする自分の証言がすべてウソだったと白状している。だが、こうしたウソや自己弁護が一時的にでも説得力があるかのように受け取られ、『朝日新聞』のような大新聞までがそれを真に受けていたのは、藤田「組織犯罪陰謀」説があったからこそ、なのである。藤田「組織犯罪陰謀」説がなければ、姉歯氏のウソもなかったし、藤田「組織犯罪陰謀」説が姉歯氏のウソを誘発した、と言うこともできるだろう。

姉歯氏との「共謀」を疑われた人の中には、藤田「組織犯罪陰謀」説に乗じた報道による〝社会的制裁〟を苦にして、自殺した人もいる。私が逮捕される直接のきっかけとなるヒューザーのマンション「グランドステージ藤沢」の設計を請け負い、構造計算の下請で姉歯氏を使っていた「森田設計事務所」代表・森田信秀《もりたのぶひで》氏のことだ。

森田氏は、国交省の姉歯氏聴聞会が開かれた直後に、鎌倉の海に身を投げたと思われる。享年五五。遺体が発見されたのは、聴聞会二日後の同年一一月二六日のことだ。森田氏が遺した遺書の全文が掲載された『官僚とメディア』(魚住昭著。角川書店刊)より、その一部を以下に引用する(傍線は筆者)。

「これだけは言っておきます。姉歯の計算書偽造はまったく知りませんでした。これはヒューザーの設計三社、木村建設も同じだと思います。こんなことを知っていて、隠すばかがどこにいますか。報道により世の中が姉歯の仲間と思っていることに耐えられなくなりました。日々、姉歯の不正に対する処理におわれ、対応が追いつかず、後手、後手にまわり、他の設計三社にも迷惑をかけそうです。先のことを考えるともう無理です」

的外れな報道が原因で自殺したのも同然だった（注2）。

（注2）警察の捜査がひと通り終了した頃の『朝日新聞』二〇〇六年七月二日付朝刊はこの森田氏の遺書に触れ、

「この遺書が実は事件の全体像を示していた」

と報じた。そのとおりだろう。ならばなぜ『朝日新聞』は、このダイイング・メッセージ（死の間際の言葉）を検証せず、「組織犯罪」だとする警察発表を垂れ流し続けたのか。検証していれば、間違いなく大スクープになっていたことだろう。

そんな罪の意識からなのか、同新聞は、筆者が傍線で強調した「報道により」という部分をわざわざ割愛《かつあい》し、一部の掲載にとどめていた。これでは、無実の人を報道が殺した——と、自ら認めているのと同じである。

的外れだった〝責任追及ショー〟

二〇〇五年一〇月二七日に行なわれたイーホームズとの会談には、森田氏も同席していた。その場でイーホームズ側が、「グランドステージ藤沢」でも耐震偽装が行なわれていたことを伝えたとする説がまことしやかに語られたことがあるが、事実ではない。

本当に伝えられたとするならば、その場にいた元請の森田氏に事情を尋ねないわけがないからだ。しかも会談には、ヒューザーマネジメントの高橋社長も同席していた。すなわち、翌二八日の「グランドステージ藤沢」引き渡しの話が、間違いなく会談の場で話題となり、大騒ぎになったはずなのである。

しかし、そうはならなかった。「グランドステージ藤沢」の話が一切出なかったからに他ならない。イーホームズからあったのは、あくまでも千葉の船橋物件の話だけだった。

会談の直後に佐藤営業部長が私に、

「明日の藤沢（物件）の引き渡しは、しても宜《よろ》しいでしょうか」

と、尋ねた話にしても、もしそれが事実だとすれば、私の三歩前を歩いていた藤田氏にも聞こえないはずがなく、藤田氏までが「グランドステージ藤沢」の引き渡しを黙認したことになる。

何が事実なのかは、森田氏が死なずに証言してくれてさえいれば、すぐに明らかになることだった。つまり森田氏は、私の無実を証明してくれるキーパーソンだったのである。

イーホームズとの会談から三週間ほど過ぎた一一月中旬、テレビのインタビューで「建築士らを訴えるのか」と問われた私が「訴える」と話したことがある。その模様を見た森田氏が心配しないように、電話で森田氏に、

「そんなことはないから、安心して」

と、伝えた。すると森田氏は、

「小嶋社長のほうがずっと大変なのに、私のことまで心配してくれて済みません」

と、涙声で語っていた。まさかその時の電話が、森田氏との最後の会話になるとは、夢にも思わなかった。

結局、森田氏とは「グランドステージ藤沢」の耐震偽装について、一度も話すことはなかった。彼が生きていれば、私がその後、「詐欺罪」に問われることもありえなかっただろう。森田氏を失ったことは、国やイーホームズに対する〝反撃〟を準備していた私にとって、計り知れないほどの大きな痛手となった。

的外れだったのは、報道だけではない。国会も同様だった。

＊

本来であれば「姉歯事件」とでも名付けられるべきだった「耐震偽装事件」に絡んで名前の挙がった人々は、「参考人招致」や「証人喚問」の名の下、順繰りに国会へと呼ばれ、〝晒《さら》し刑〟に処された。私も晒されたひとりである。

国会の場で繰り広げられた〝耐震偽装の首謀者探し〟の模様は、テレビや新聞を通じてお茶の間に届けられた。

姉歯氏は、国会での証人喚問の際、

「木村建設の篠塚氏から鉄筋の量を減らすよう、相当のプレッシャーをかけられました」

「私ひとりでできることではない」

と、証言。関係者と共謀の上、耐震偽装が行なわれた――とした。国交省、マスコミに続き、何と姉歯氏までが藤田「組織犯罪陰謀」説に便乗したのである。

姉歯氏に「プレッシャーをかけていた」犯人だと名指しされ、さらには、姉歯氏から約二〇〇〇万円のリベートを受け取っていたとされた木村建設の篠塚氏は、

「偽装には一切関与していない」

と、反論したものの、リベートが不興を買い、「姉歯氏の共犯者」だと疑われた。

藤田氏は参考人招致の際、

「巧妙な偽装を当社が見抜いたことを評価してほしい」

と、自画自賛。さらには、ヒューザー社長である私が事件を公表しないよう圧力をかけたとして、

「もし偽装が意図的・人為的に行なわれるのであれば、一番利益を得るのはデベロッパー（開発業者）だろう」

と、事件の首謀者をヒューザーと睨んでいたと、滔々《とうとう》と語るのだった。

あろうことかテレビで生中継されている国会の場で、根も葉もない「組織犯罪陰謀」説を放言した藤田氏に対し、同じ参考人として出席していた私は怒りで我を忘れ、

「何言っているんだよっ！」

「ふざけんじゃないよ！」

と、思わず叫んでいた。

が、叫んでみたところで、問題解決には何の役にも立たないばかりか、逆効果でさえあった。私から見れば藤田氏など、ふざけた存在以外の何ものでもないが、あの場で怒りをあ

らわにするべきではなかった。明らかにあの時の私は、冷静さを欠いていた。事実のみを語り、事件の真相を明らかにすることだけに専念すべきだった。一生の不覚である。実際、藤田氏を罵倒《ばとう》したことで、私の世間での評判は地に落ちてしまった。どうやら世間からは、

〝耐震偽装がバレて開き直る悪党〟

と、実態とはまるで反対の受け止められ方をしたようだ。「姉歯事件」の被害者のひとりとして助けを乞《こ》わなければならなかった場面をひとりでぶち壊し、台無しにしてしまったのは私自身なのだから、自業自得である。翌二〇〇六年一月に行なわれた証人喚問にも私は呼ばれ、参考人招致の際の失敗を猛反省して臨んだのだが、世間の誤解を解くことはかなわなかった。

テレビ的には、「姉歯VS篠塚」や「藤田VS小嶋」の対決シーンがあり、「耐震偽装」劇場は相当見ものだったことだろう。私も一視聴者であれば、きっとそう思ったはずだ。

私に対する世間の印象が最悪なものとなったのは、私の至らなさが招いた結果なので、これ以上言い訳するつもりもない。だが、国会の「参考人招致」や「証人喚問」は本来、真相究明のために活用すべきものである。

問題は、果たしてあの参考人招致や証人喚問で、「姉歯事件」の真相にどれだけ近づけ

たのか――ということである。姉歯氏との共謀を疑われた関係者を招致・喚問したことで、一体何が明らかになったのか。藤田「組織犯罪陰謀」説の化けの皮は剥がされたのか。

結局国会は、他人に責任をなすりつけるために姉歯氏がついたウソを全く見破れずに、そして藤田「組織犯罪陰謀」説の化けの皮も剥《は》がせないまま、〝責任追及ショー〟を繰り広げただけで終わる。国会もまた、混乱を助長しただけだった。

逮捕

二〇〇六年年五月一七日、私は逮捕状を執行され、手錠をかけられた。この日の午後二時頃だったと記憶しているが、自宅にいたところ、それまでに何度か取り調べを受けていた「青木」という刑事から電話があり、彼の車で築地警察署まで任意同行した。そして午後三時過ぎ、築地署内で逮捕状を読み上げられたのだが、「青木」刑事も、その上司の「上原」係長も直立不動の姿勢で、

「小嶋さん、申し訳ない。縦割りの組織なもので、我々にはどうすることもできない」

「私も今日まで、小嶋さんを逮捕することになるとは思わなかった。現場を無視したことを上からされると、下の者はやる気をなくしてしまうんですよ」

「小嶋さんが悪いなんて、我々は誰も思っていないんですが。本当に申し訳ない」

と、さんざん言い訳をしながら、逮捕状が執行される。

その日のうちに、身柄を検察庁へと送られることになった。報道陣のカメラを避けるため、両脇と後ろの窓ガラスはカーテンで目隠しされ、さらには、運転席側からも見えないように、運転席と後部座席との間に段ボールが置かれた。この段ボールがなければ、マス

コミ報道の格好の餌食《えじき》にされていただろう。

私を乗せた護送車が築地署を出る時、車の中に向けてストロボのライトがバンバン焚《た》かれ、

「小嶋、顔を出せ！　この野郎」

「小嶋さん、返事しなさいよ！」

などと囃《はや》し立てながら、護送車の窓ガラスにカメラをゴツンゴツンとぶっつけてくる。こう言われてムッとした顔をしたところを写真に収め、新聞や雑誌に掲載するつもりなのだろう。車は、なかなか前に進めない。

私の両脇に座った刑事と係長は、

「小嶋さん、真実は一つです。真実は一つですから」

「小嶋さん、あなたが悪くないのは我々がよく知っています。真実は一つしかないのですから」

と、繰り返し話しかけてくる。しかし、報道陣にもみくちゃにされるような状況を作っているのは、当の警察ではないか——と、心の中で私は思っていた。

二〇〇六年五月一七日付『毎日新聞』
耐震偽造
ヒューザーの小嶋元社長を詐欺容疑で逮捕
耐震データ偽造事件で、警視庁などの合同捜査本部は一七日、耐震強度不足を認識しながら、マンション契約者に物件を引き渡し、五〇〇〇万円余を受け取ったとして、マンション販売会社「ヒューザー」（東京都大田区）元社長、小嶋進容疑者（五二）＝大田区＝を詐欺容疑で逮捕した。小嶋容疑者は他にも一六戸を引き渡しており、計約四億円をだまし取った疑いが持たれている。

調べでは、小嶋容疑者は昨年一〇月二七日、民間確認検査機関「イーホームズ」（新宿区）からの指摘などをきっかけに、元一級建築士の姉歯秀次容疑者（四八）＝建築士法違反容疑で逮捕＝による構造計算書の改ざんを認識。耐震強度が不足していることを知りながら、翌二八日に分譲マンション「グランドステージ藤沢」の契約者の男性に、その事実を知らせずに、引き渡し五千数百万円をだまし取った疑い。

蛇足だが、私は二回も逮捕されている。最初は一項詐欺（危ないマンションを造って騙《だま》して売った）という理由である。だが、これでは公判が維持できそうもないと、検察官が考えたのだろう。逮捕された翌週か翌々週に、容疑が二項詐欺（騙すつもりはないが、結果的に騙した）に変更され、私の逮捕手続きがやり直しされた。

検察官から何かを言われた後、いったん手錠が外されたのだが、その場で再び手錠を掛けられたのである。この当時、何のためにこんなことをやっているのか、さっぱりわからなかった。

留置場に入れられる時の身体検査は、パンツまで脱いで素っ裸になり、中腰にさせられ肛門の穴まで検査される。人間の尊厳性を全否定される瞬間だと思う。この段階では市民権など完全に剥奪《はくだつ》され、あくまで「犯罪者」としての扱いを受ける。

時計も手帳も、携帯電話も財布も全て「領置品《りょうちひん》」として取り上げられ、メモ帳一枚、鉛筆一本の自由もない。米国のアニメに登場するような〃縞々《しましま》〃の囚人服ではないものの、紺色丸首の体操服みたいな囚人服を貸与される。自殺防止のためなのか、ズボンには腰紐《こしひも》やベルトがなく、逃走防止のためなのか、与えられたサンダルも大変履きづらい。

私は、四畳程度の二人部屋に入れられた。その後、留置場内では名前でなく、「番号」で呼ばれる。私は「五番」だった。朝、夕の点呼の時、自分の順番が回って来ると「五番」

と言わなければならない。

タオルは小さなハンカチ程度のものを朝、夕の二回使えるだけで、歯ブラシは部屋内に持ち込むことができない。トイレのドアは「首吊《つ》り」防止のためか、紐などが掛けられないように上部が斜めに切り取られており、中から鍵はかからない。風呂は週に二回だけ。しかも、一三分以内に出なければならない。

取り調べは朝の九時頃から始まり、夕方五時の夕食時まで、途中に昼食時の休憩を挟んだだけで行なわれる。警察署内にある留置場から取り調べ室へと移動する際は、いちいち手錠と腰縄をかけられる。こうした犯罪者としての扱いを受けるたび、はらわたが煮えくり返る思いをした。

夕食後にも取り調べられる時もあったが、大概は世間話であり、一体何のための「取り調べ」なのかわからず、無駄な時間を過ごすことになる。

就寝時間になると、蛍光灯が少し暗くされるが、完全には消灯されない。私にはまぶしくて、なかなか寝付けなかった。例え寝入ったとしても、一時間ごとに見回りに来る看守の無神経な靴音が響き、そのたびに起こされる。隣の雑居房からは、おしゃべりの声や鼾《いびき》、トイレの水を流す音が聞こえてくる。部屋の扉には、ガラス窓の代わりに大き目の鉄格子が付けられているので、部屋の外の音がそのまま飛び込んでくるのだ。いつ頃から使用されているのかもわからない毛布は、大変汗臭くて気持ち悪くなるほどだった。

新聞は、あちらこちらの記事が切り抜かれて〝検閲〟され、穴の開いたところを白地の紙で塞《ふさ》いだものが、回覧されてくる。私の「逮捕」に関係する記事がすべて切り抜かれたのだろう。留置所内で私が得られるマスコミ情報はこれだけで、ラジオやテレビは一切使わせてもらえなかった。この後、移動させられることになる拘置所のほうが、ラジオを一定の時間、聴けた分だけ、いくらかマシだった。

取り調べの担当者は、私を築地署まで連れてきて逮捕状を執行した、あの「青木」刑事である。彼の応対は実に親切なもので、テレビの刑事ドラマのように声を荒らげるような場面は一度たりともなかった。

検察の取り調べは、若手の「上島」検事が担当した。「上島」検事もまた、実に真摯《しんし》な物腰で応対してくれる。好感の持てる官僚だった。しかし、私は「刑事被告人」として起訴された。

私の起訴状に書かれた罪名は「詐欺」である。私にとっては、殺人罪よりもひどく思える罪名であり、それを初めて知らされた時、驚愕《きょうがく》した。

威張るつもりなど毛頭ないが、これまで私は「社会正義の実現」を標榜《ひょうぼう》して生きてきたつもりである。そんな私が、よりによって「詐欺師」という犯罪者の烙印《らくいん》を押されてしまったのだ。

姉歯氏が引き起こした耐震偽装事件に絡み、警察が私の身辺を捜査していたのは知っていた。私自身も、任意で取り調べに応じている。ただ、私が何らかの罪に問われるとしても、どんなに悪くても宅地建物取引業法（宅建業法）違反か、何かの過失犯だろうと思っていた。いち早く社会に戻りたいと願っていたのに、その願いは絶たれ、いつになったらこの悪夢から解放されるのかさえ、見当がつかなくなってしまった。

ただ、私の起訴状に、「上島」検事の名は書かれておらず、別の検事が私を起訴したことになっていた。それが、せめてもの救いだった。それこそ罪名を「偽装」するような真似を、あの「上島」検事がするとは到底思えなかったからだ。

逮捕された時は、刑事でさえも、

「小嶋さん、あなたが悪くないのは我々がよく知っています」

と、言っていた。私はその言葉を信じ、

「逮捕されたのは間違いだ。無罪放免ですぐに釈放される」

と、思っていた。だから、それほどがっかりしてはいなかった。

しかも、その後の取り調べでは懇切丁寧《ていねい》に説明し、供述調書作成にも協力した。

そもそも私には、人を騙《だま》したなどという気持ちも自覚も全くないのである。それでも、警察と検察によって突然「詐欺師」にされてしまった。

それまで、全て自分の意志で物事を決定し、自由に生きてきた。それが今後は、トイレの扉以外はドア一枚、自由に開けることができないというのである。この日から、犯罪者としての屈辱の日々が始まった。

この屈辱は、あまりにも耐えがたいものだった。ここまで、可能な限り客観的な文章にしようと心がけながら書き進めてきたのだが、いざ、この時の自分の心境を綴ろうとすると、虚しさが突然こみ上げてきて、筆が全く進まなくなるほどなのだ。

逮捕と起訴で受けた私の心の傷は、あれから一〇年が過ぎた今もなお、癒えていないようである。

【コラム4】検察が無理筋で描いた〝五億円の赤字〟詐欺

本書の第一章でも若干触れたが、一般に「マンション」ビジネスは、

（1）マンションの建設用地を入手。

（2）その用地にマンションを建築するため、一級建築士のいる設計事務所に意匠設計と構造設計を発注。

（3）施工する建設会社を決定。

（4）建築に使用する資材を決定。

（5）完成した設計図を、建築確認検査機関等に提出して、建築確認を申請。

（6）「建築確認」の審査終了後、建築着工。

（7）マンションの販売開始。

（8）マンションの竣工時に、建築確認検査機関から検査済証の交付を受ける。

（9）マンションの購入者に部屋を引き渡す。

という流れで行なわれる。

不動産デベロッパーがマンションを建てるための費用の大半は、金融機関からの借り入

れで賄われる。建築費用の内訳は、（1）のマンション建設用地代金と、（2）の設計費用、（3）の建設会社への着手金である。ヒューザーの場合、（4）の資材の一部は自社で海外から買い付けていた。

金融機関への返済に充てる原資は、マンション購入者からの支払いである。即金で全額を払える客は大変まれで、大抵の場合、客も金融機関でローンを組む。従って購入代金は、ローンを組んだ金融機関から不動産デベロッパーへと送金されてくる。

不動産デベロッパーの財力にもよるが、こうした大きな金額が動くやり取りは、マンションの竣工前後に行なわれるのが一般的だ。

では、こうしたマンション販売の流れの中で、私が何をしたことが「詐欺」とされたのか。

前掲の『毎日新聞』記事は、私の「詐欺」容疑について、

「耐震強度不足を認識しながら、マンション契約者に物件を引き渡し、五〇〇〇万円余を受け取ったとして、マンション販売会社「ヒューザー」（東京都大田区）元社長、小嶋進容疑者（五二）＝大田区＝を詐欺容疑で逮捕した。小嶋容疑者は他にも一六戸を引き渡しており、計約四億円をだまし取った疑い」

と、報じている。

私が「詐取」したとされるマンション一七戸分の販売残金は、総額で四億一〇〇〇万円である。そして、〝犯行日〟だとされる二〇〇五年一〇月二七日とは、銚子からの帰りの車中で、私がヒューザーマネジメントの佐藤営業部長に対して電話で、

「うん。営業部はわからなかったっていうことにしておこうや、そこまでは」

と、佐藤からの質問の意図を一〇〇パーセント誤解して答えていた日でもある。そしてその翌日、姉歯氏による耐震偽装行為の犠牲となった「グランドステージ藤沢」において、すでに契約済みだった一七戸の物件がお客様に引き渡されていた。

ところで、ヒューザーがメインバンクとして使っていた銀行口座の通帳によれば、〝犯行日〟の一〇月二七日、「グランドステージ藤沢」の土地代及び建設費用の一部として銀行から借り入れていた六億六〇〇〇万円を、ヒューザーは銀行に返却している。そして、その翌日の一〇月二八日には、木村建設に対して「グランドステージ藤沢」の工事代金の残金二億七〇〇〇万円を支払っている。その合計金額は九億三〇〇〇万円になる。

銀行への返却と工事代金の残金の合計額から、マンションの販売残金四億一〇〇〇万円を差し引くと、ヒューザーにとっては五億二〇〇〇円の持ち出しとなる。耐震偽装事件に乗じて詐欺を働く気があるなら、何で律儀に銀行にカネを返したり、建設費用の残金を支

払ったりしているのだろう。

さらに、である。全三〇戸からなる「グランドステージ藤沢」で、問題の二〇〇五年一〇月二八日に実際に引き渡されたのは、契約済みだった二二戸のうちの一七戸である。残りの五戸は翌月には解約し、未契約だった八戸も販売中止にした。

一七戸は、佐藤と私のディスコミュニケーションがもとで引き渡してしまったものの、その後、契約済みだったものはすべて解約し、売れ残っていたものを一切販売していないのは、社長である私の「指示」によるものである。私に「詐欺」を働く気があるのなら、全部の部屋を売り切っていないと話の辻褄《つじつま》が合わないだろう。

おまけに、〝犯行〟が行なわれた一〇月二七日と翌二八日の二日間だけを見ると、ヒューザーは五億二〇〇〇万円もの大赤字になり、ますます話の辻褄が合わない。「赤字の詐欺」なんていうものが、この世にあるだろうか。

「詐欺」に問われた一七戸においては、耐震偽装事件発覚の数カ月前までに売買契約が交わされており、その代金の支払いが、引き渡し日の二〇〇五年一〇月二八日に実行されたという、単純な話である。それも、本来の私の「指示」に部下の皆が忠実に従っていれば、引き渡さずに解約するはずの物件だったのである。もっとも、佐藤営業部長はとうとう最後まで、私が指示した「解約予定一覧表」を作成しなかったわけだが、その理由は私にもわからない。

ともあれ、そんな私たちのディスコミュニケーションによる不手際に付け込み、「詐欺だ」と決め付けたのが、検察なのだった。相当無理筋で描いた〝ストーリー〟だと、今でも思う。

警視庁と千葉、神奈川両県警からなる合同捜査本部内には、「詐欺」での立件に対して消極論もあったと、後に聞いた。現に、私を取り調べた警視庁の刑事は、私に対してハッキリと、

「こんなの、詐欺になりませんよ」

と、語っていた。

国家権力まで「偽装」する

耐震偽装事件の捜査には、二〇〇五年一二月に警視庁、千葉県警、神奈川県警による合同捜査本部が設置されて以来、延べ約四万五〇〇〇人もの捜査員が投入されたのだという。一九九五年に教祖の逮捕に至っていた「オウム真理教事件」以来の大規模捜査だったのだそうだ。それでも、藤田「組織犯罪陰謀」説が言うような「主犯」に私を仕立て上げることはできなかったのである。

その捜査本部が解散したのは、二〇〇六年七月一日のことだった。それまでに、一級建築士の資格を剥奪《はくだつ》されていた姉歯氏をはじめ、イーホームズの藤田社長や私など九人が逮捕されていた。

それから三カ月後の二〇〇六年一〇月五日、私は東京地裁で開かれる自分の第一回公判に出廷するため、ワゴン車を改造した護送車に乗せられ、小菅《こすげ》の東京拘置所を出た。

護送車が動き始めると、ダムの堤防にある水門のように大きな鉄扉が少しずつ上げられ、そこを通過するとすぐに閉まり始める。少し走ると、拘置所の出口に着く。そこが正門なのか裏門なのかもわからないが、拘置所の門が開けられ、表に出た。

僅かなカーテンの隙間からは、外の景色が見えた。逮捕されたのは五月一七日なので、外の景色を眺めるのは実に五カ月ぶりのことだ。外界の景色は、懐かしいというより、何か恨めしい気分にさせてくれる。

荒川沿いの一般道から首都高速に入る。高架を走る首都高からは、荒川や隅田川の河川敷をゆっくり散歩する人々が見える。高速を降りて一般道に入ると、通勤する人々が忙しそうに歩いていた。誰もが、自由に歩いている。私は何でこんな身分にされてしまったのか。なぜ天は、私にこのようなひどい試練を課すのか。不条理でさえある。

その後も公判が開かれるたびに私は護送車に乗せられることになるのだが、初公判の時は、乗っていた被告は私ひとりだけだった。二回目以降の公判の際は、他の被告人たちとともに大型バスのような護送車で移動させられる。

他の人たちは、腰縄を一本のロープに繋《つな》がれ、一〇人ほどが一括《ひとくく》りにされていた。そうしたグループが二組ずつ、一台のバスに乗せられる。でもなぜか、私がそのグループと一緒にロープで括られることはなかった。

私はいつも最後尾の左側の席に座らされた。その後、ロープで一絡《ひとから》げにされたグループが乗車してくる。いがぐり頭にモンモンの入れ墨姿で、一目で〝任侠の世界〟の住人であることがわかる人もいれば、バスの乗車口の階段をやっと登れるというほど衰弱している老人もいる。全員が着席すると、補助席がバタンバタンと下ろされてそこに刑務官が座り、護送車はほぼ満員になる。

護送車が首都高速に入ると、それまで閉められていたカーテンが、刑務官たちによって一斉に開かれる。すると、見晴らしの良い川景色が眼下に広がる。天気のいい日ほど、無念さがこみ上げてくるが、雨で薄暗い日は、不思議と心が落ち着いたものだ。

護送車に乗せられるたび、なぜか脳裏をよぎったのは、一九八七年に公開された映画『プラトーン』のワンシーンだった。私が観たのは、確かバブル経済が崩壊した頃のことで、会社経営がかなり厳しい時だったと思う。

映画は、ベトナムに派遣されてヘリコプターに乗せられ、熱帯ジャングルで蛇などに襲われそうになるシーンから始まる。主役を演じたチャーリー・シーンによるナレーションとともに物語は進行し、戦場にあっても人間らしさを失わないエリアス軍曹（ウィレム・デフォー）が味方の米兵から撃たれ、救援に来たヘリコプターに乗ることができず、敵地に置き去りにされるシーンで終わる。

敵と闘って死ぬならまだしも、味方から裏切られて殺されていく不条理さを描いた映画だ。一体何のために闘い、殺し合わなければならないのか。この映画で描かれていた苦しみに比べれば、これまでの自分の苦労なんて、ちっぽけなものじゃないか――と、ヒューザーを創業してからの苦労を思い返したものだ。私の心に残る映画のひとつである。

そして、刑事事件の被告にされた今、護送車が放つ重低音のエンジン音と、映画に登場するヘリコプターの重苦しい低音が頭の中でオーバーラップし、その映画のことを思い出させるのだ。

＊

東京地裁に着くと、地下にある三畳ほどの広さの独房に通され、そこで開廷時間を待つ。そこには、漫画が一冊と、小説が一冊置いてある。暇つぶしにこれでもどうぞ、という配慮なのだろうが、それらの本は手垢《てあか》ですり切れるほど汚れていて、触る気にもならない。その独房は地下室のために窓がなく、換気扇から送られてくる空気も、なんだか汚れているように感じられる。拘置所よりもずっと劣悪な環境だ。私は緊張をほぐすため、スクワットや腕立て伏せをしながら、法廷に引きずり出されるまでの時間をつぶした。

東京地裁一〇三号大法廷は、同地裁の中で最も大きな法廷である。初公判の時、手錠をかけられ、腰縄を打たれたまま大法廷に入ると、傍聴席は満員だった。まるで〝市中引き回し〟の見せ物ではないかと、驚いた。時代劇の江戸時代にタイムスリップしたかのような錯覚に陥る。

この時に受けた屈辱感をどう表現すべきなのか、無学の私は適切な語彙《ごい》を持ち合わせておらず、残念でならない。強いて言うなら、検察の主張に歯向かう不届き者は、無実であろうと徹底的に晒《さら》し者にし、判決で刑罰が決まる前から精神面に決定的なダメージを与える〝見せしめのための装置〟が、この一〇三号大法廷なのだと思う。ここに引きずり出された罪人に、人権など微塵《みじん》も認められてはいない。

さすがに腹に据えかねた主任弁護人が、法律でも定められていないこうした過度な〝演出〟に対して猛然と抗議すると、次回からは、私が先に入廷し、手錠や腰縄が解かれてから傍聴人が入廷するよう改められた。

法廷では、落合という検察の副部長と清野検事らが、ことあるごとに鬼の形相をしながら怒鳴りまくり、私を睨《にら》みつけるという、およそ品のない裁判が繰り広げられた。

本書の第二章で紹介した、銚子からヒューザー本社への帰路の車中で私が佐藤と話した電話の「録音データ」を、私の無実の証拠として裁判所に申請した際は、検事たちの怒りは最高潮に達した。真っ赤な顔をしながら大声を上げ、私や弁護団だけでなく、裁判官まで威嚇《いかく》するのである。これがエリートを自認する人たちの取る態度なのかと、呆《あき》れさせられる。

品のないその検事たちは、その「録音データ」を証拠として採用するなと頑強に主張した。そしてあろうことか、その反対理由として、

「裁判官が判断を誤る恐れがあるから」

だと、言ってのけたのである。私は耳を疑った。

検事の語る「裁判官が判断を誤る恐れ」とはすなわち、検察がこの裁判に負け、私が無罪となることと同義である。検察側が描いていた〝犯行のストーリー〟を真っ向から否定する決定的な証拠なので、検事がむきになって反対する気持ちは、被告席に立たされた身でありながら、わからないでもない。この証拠ひとつで検察側が裁判で負ければ、検察は大恥をかき、公判担当検事の出世にも悪影響を与えたことだろう。

だが、それを防ぐためなら事実を捻《ね》じ曲げてもいい――ということにはなるまい。事実を捻じ曲げても恥じないその神経のほうが、法律のプロフェッショナルとしてよほど恥ずべきことだろうというのが、エリートでもない私の庶民感覚に基づく見解である。「落合」や「清野」という検事にとって、私の今後の人生など、どうでもいいことなのだろう。

私の弁護団は、「グランドステージ藤沢」の引き渡しがその翌日にあることを私が知らず、引き渡しを指示してもいないことを立証する「実質証拠」として請求したのだが、検察が大反対したため、裁判所は消極的態度を示し、なかなか証拠採用されないのである。やむなく立証趣旨を「小嶋の秘書が弁護人に提出した音声データの存在」へと変更して、やっと証拠採用に至ったのだった。

それにしても、

〝録音を聞くと裁判官が判断を誤る恐れがあるから、証拠採用するな――〟

と、真顔で強弁する検察官には、ほとほと呆《あき》れさせられた。私の弁護団も当然のことながら黙ってはおらず、裁判長に対し、しっかり訴訟指揮を執るよう何度も促していた。私も、

「録音データとその通話内容を証拠採用する」

と、毅然とした態度で発言する裁判官を期待していた。

だが、東京地裁の毛利晴光《もうりはれみつ》裁判長は、検事の威嚇《いかく》に気圧《けお》されたためか、青ざめて精気のない顔で、おろおろしているように見えた。そして、左右の陪席裁判官とひそひそと打ち合わせした後、消え入るような小さな声で何かを言った。明瞭には聴き取れなかったが、

「指揮権は発動しません」

と、私には聞こえた。どうやら裁判所は、検事の意見のほうに同意するらしい——ということぐらいは、私にもわかった。まるで、検察官が訴訟を指揮しているかのようなのだ。呆れたことに毛利裁判長は、私の弁護団が、

「姉歯氏の供述録取調書をすべて開示せよ」

と、申し立てた時にも、

「職権発動はしません」

と、宣言していた。

結局、私の裁判では、

〝小嶋に「明日の藤沢（物件）の引き渡しは、しても宜しいでしょうか」と尋ね、逆に小嶋が「検済はいつ下りたのか?」と質問し、佐藤が「先月です」と答えると、小嶋は「なんだ、まだだったのか」と、少し怒った調子で話した〟

という、ヒューザーマネジメントの営業部長である佐藤の供述が、証拠として採用された。よりによって、耐震「偽装」事件に絡んだ裁判で、偽装された証拠が採用されてしまっ

たのだから、皮肉としか言いようがない。だが、これが日本の裁判の現実なのだ。そして私は、その生き証人でもある。

＊

電話録音データを証拠として採用することを頑《かたく》なに反対した「落合」「清野」らの検事は、私の一審裁判が続いている最中に異動して私の裁判から去り、起訴状に名を連ねていた検事の全員が途中で来なくなった。裁判の最終場面では、引き継いだ若い検事がたったひとりで法廷に来ていた。こちらの切り札だった私と佐藤の「電話録音」が証拠として採用されなかった時点で勝負はついたと見て、小バカにしていたのだろう。

二人の「母」

姉歯氏による耐震偽装行為の犠牲となった「グランドステージ藤沢」は、耐震強度が基準のわずか一五パーセントと、耐震偽装物件の中でも最も弱く、震度5弱程度の地震でも倒壊する危険があったのだという。入居していたすべての世帯の引っ越しは完了し、取り壊されることとなった。

一方、ヒューザーと私個人は破産し、破産管財人の弁護士によってすべて処分されることになる。愛機のターボプロップ機「TBM700」も、私が勾留されている間に売却されていた。

＊

二〇〇六年五月一七日に逮捕され、その二一日目の六月七日に起訴されたのだが、私が未決勾留囚として東京拘置所に移されたのはたぶん六月七日だったと思う。その三日前の六月四日は、私の五三歳の誕生日だったが、築地署の留置場で迎えることになった。

留置場では二〇代後半の若い男と相部屋だったが、六月七日からはひとりだ。なにやら寂しい気もしたが、ひとりのほうが気楽な面もある。

拘置所の建物に入り、幅三メートルほどの廊下を五〇メートルほど歩かされたところに「中央監視ステーション」があり、その斜め前にある独房に身柄を移された。長い廊下の両側には、幅およそ二メートルずつに区切られた独房がズラッと並んでいる。ちょうど、豚舎の親豚一匹分を飼育するくらいの広さだ。なるほど、牢獄の別称が「豚箱」とは、よく言ったものだ。本物の豚小屋ほど強烈ではないが、檻《おり》につながれた人間たちが発する饐《す》えた汗のような不潔な臭いが、鼻をついてくる。

独房の入口に据えられた鉄扉の真ん中に覗《のぞ》き窓があり、中にいる囚人は終始監視されている。鉄扉の右隣には小さな扉がついていて、そこから食器や食べ物を出し入れする。

「コオーヒー」

「カイカアーン」

廊下から叫び声が聞こえてくる。大声を張り上げていたのは、薄黄緑色の囚人服を着た六〇歳前後の男だ。大声は、コーヒータイムだから食事用の扉を開けろという合図である。インスタントコーヒーを購入しておくと、一日二回、お湯を注いでもらってコーヒーが飲める。警察の留置場ではお茶もコーヒーも飲めなかったので、このことだけでも拘置所の待遇のほうがよかった。

本の差し入れも受けられる。なので、読書三昧《ざんまい》の日々が送れる。独房には小さな机と薄っぺらな座布団も備えられている。

有罪判決を受けて服役している者とは違い、未決勾留囚には労役の義務はなく、刑事の取り調べもなく、毎日が自由時間だ。ただし、鉄扉は外から施錠されていて、一歩も外に出られない。築地警察署の留置場で二一日、そしてこの東京拘置所に三〇四日の計三二五日間、私は投獄されたのだが、逮捕された当時はまさかそんなに長い間、身柄を拘束されることになるとは思ってもいなかった。

「点検！」という掛け声とともに、朝と晩の二回、刑務官が見回りにやってくる。その刑務官が自分の独房の前を通る時に、自分に与えられた「番号」を告げる。拘置所でも、自分の名を言う必要はない。が、勝手に独り言を言うことも許されない。

食って排泄《はいせつ》して寝るだけの生活だから、まるで豚みたいだ。独房は畳の三畳間と、一畳分ほどの板の間がある。板の間には、洗面器と便器が設置されており、豚舎との違いは、この洗面器と便器があるかないかだ。用便の時は、縦横六〇センチほどの衝立《ついたて》で腰から下を隠せるが、他人に監視されながら用を足すのは、どうにも落ち着かない。排泄まで監視されるのも〝豚並みの扱い〟のように思えてくる。結局、私は最後まで、これに慣れることができなかった。留置場のトイレのほうは監視官から丸見えではなかったので、まだマシだった。

東京拘置所では週に二回だけ、三〇分間の運動が許された。ただ、幅三メートル、奥行き六メートルほどの金網で仕切られた空間が、その〃運動場〃だ。全力疾走はとてもできず、ここでも豚のように檻《おり》の中をぐるぐる回るだけだが、外の空気を吸える唯一の時間だった。拘置所が「豚箱」である最たる理由は、一体いつになったらここから出られるのか全く見当がつかず、何をするにしても自分では全く決められないということだ。

独房には窓が付いているものの、その外側には監視する刑務官が通るための通路があり、不透明で表面に凹凸《おうとつ》のある「型ガラス」で仕切られているため、外の様子はほとんど見えない。朝方に明るくなり、夕方には暗くなる程度だ。

時計はない。なので、正確な時間はわからないまま日々を過ごす。平日は一定の時間だけ、ラジオを聴くことが許されているが、土曜と日曜は夜九時の就寝時間まで、ほとんど一日中、聴くことができる。

ラジオを聴くためのスピーカーは独房ごとにあり、静かに過ごしたい時は刑務官を呼び、自分の部屋のスピーカーのスイッチを切ってもらう。私が投獄されている間に、そのスイッチがそれぞれの独房の中に設置されたので、自分で音量調整ができるようになった。

食事は毎日三回、囚人が労役として調理したものが、配膳係の囚人によって運ばれてくる。不味《まず》くはなかった。特に元旦は、おせち料理の豪華版で、カチカチに凍ってはいたがマグロの刺身が出てきた時は、涙が出るほど嬉《うれ》しかった。投獄されていた三二五日間の食事で、刺身は正月の一回限りだった。

たび重なる保釈申請も却下され続け、とうとう年を越えてしまった。面会も許されていないため、弁護士以外には誰とも会うことができない。せめて家族ぐらいには会わせてくれてもよさそうなものだが、ダメなのだ。

拘置所での風呂は、冬場は週二回、夏場は週三回で、留置場と同じ「一三分」の入浴時間制限があり、刑務官から「一分前」との掛け声がかかると、もう入浴終了だ。体を洗うのが精いっぱいで、ゆっくり湯船につかっている時間はない。

だが、二〇〇六年一〇月五日にあった初公判の翌日だけは、どういうわけか三〇分ほどが過ぎても刑務官から「一分前」の声がかからなかった。おかげで心から入浴を楽しめる。刑務官の情けをありがたく感じた日だった。

五月に逮捕されてから、正月も過ぎ、半年以上の月日が流れていた。この頃になると、

刑務部長が、

「小嶋さんの保釈はどうなっているんですかね」

などと、番号ではなく名前で話しかけてきて、私の身の上を心配してくれることもあった。同じ国家公務員でも、裁判に勝つためならたとえウソをつこうが構わない恥知らずの検事らとは、人として雲泥の違いがある。

＊

私への接見禁止が解かれたのは、二〇〇七年の三月頃だった。そしてその一ヵ月後、ようやく東京地裁から保釈が許可される。東京拘置所を去ることになったのは、逮捕からほぼ一年が過ぎた四月一〇日のことだった。

身の回りの品を段ボール箱に整理し終え、タンを吐《は》こうと洗面器に顔を近づけた時、突然ぎっくり腰になり、這《は》うこともできなくなってしまった。

何とか立ち上がり、刑務官が用意してくれた車いすに乗って、私の弁護団が待つ拘置所出口へと向かった。弁護士の車が停めてある駐車場までは、手押し台車のハンドル部分に掴《つか》まりながら、何とか歩いて向かう。その姿を、報道陣のカメラで撮られ、全国ネットのテレビで放送された。拘置所の出口周辺を斜め向かい側から見下ろすことができる高い建物があり、そこから望遠レンズで私の情けない姿を撮ったのである。

「他人の不幸は蜜の味」という。〝悪人〟が無様な姿を曝け出すのは、さぞ愉快な映像画面だったことだろう。無実の人間が何と悲惨なことか――と、思ってくれた視聴者は皆無だったに違いない。

道端の桜の花が妙に明るく、可憐《かれん》に感じられた。そう言えば、拘置所にも法廷にも、花は一本もなかった。

公判のたびに護送車で押送《おうそう》されたのと同じ道を、今は弁護士の車で、赤坂にある弁護団事務所へと向かっている。手錠も腰縄もないのが、取り敢えず自由の身になったことの象徴のように思えて嬉しく、さっそく車中から宮城の実家にいる母親に電話をした。テレビのニュースで私の〝出所光景〟を観ていたらしく、母は、

「進、腰でも悪くしたか?」

と、気遣《きづか》ってくれる。わずか数秒ほどのテレビ映像を見て、息子の体調が悪いことを一瞬にしてわかったのだろう。

次に、妻に電話をかけた。電話の向こうの声が沈んでいる。昨日、妻の母親が肺病で緊急入院したので、実家のある新潟県に向かっているところなのだという。

その十日後、妻の懸命の看病の甲斐もなく、義母は他界してしまった。義母は、若い頃の私の写真を見て「懐かしい」と言ってくれていたという。

保釈されたばかりの身だけに、義母の葬式に出席するのは遠慮するしかなかった。妻は、私の釈放を喜ぶ間もなく、義母の看病に追われたため、すっかり窶《やつ》れていた。妻の顔からは笑顔が消え、痛ましくてならなかった。私が幸せにするはずだったのに、こんなに不幸にしてしまった。謝ろうにも謝りようがない。全ては、私の責任だった。

第四章　無念

量刑の理由

一審の有罪判決後に二回、嫌な夢を続けて見た。それは、こんな悪夢だった。

*

夏の強い日差しが照りつける中、三人の婦人たちがホテルの屋上にあるプールサイドで、手摺《てす》りにもたれかかりながら談笑していた。

だが、次の瞬間、婦人のひとりが体勢を崩し、屋上から転落しそうになる。彼女は、手摺りの一番下にある棒に掴《つか》まり、ぶら下がっていた。このままでは下に落ちてしまう。助けなければ……と、思った瞬間、手を離して落ちてしまった。次にもうひとりの婦人も、同じように手摺りにぶら下がり、階下に落ちていく。そして三人目の婦人も手摺りにぶら下がっていて、今にも落ちそうだ。

しかし、私は躊躇《ちゅうちょ》した。もし、私が助けに行き、腕を掴んでも引き上げられなかったら、どうしよう。もし、助けるのに失敗したら、私が突き落としたとか、わざと突き放したとか、言われるかもしれない。

体が金縛りにあったように、ピクリとも動かない。どうして、私はこんなところに居合わせてしまったのだろう。私は今、執行猶予の身だから、助けようとしたことで万一、殺人罪にでも問われたら、もう最期だ……。

見ていないふりをして、この場から逃げるべきだと思いながらも、体が動かない。なぜなんだ？　顔から冷や汗が、したたり落ちるほど流れ出す……というところで、悪夢から目覚めた。

＊

左手にシンナーの入った缶を持ち、右手にどじょうが一匹入った缶をぶら下げて、みすぼらしい身なりをした私は田舎道を歩いていた。

もう少しで目指す宿があると思うのだが、とうとう夕方になってしまった。バスに乗るにも所持金がないので、歩くしかなかった。途中、人家のあるところまでやってきて、ふと気づいた。

こんな身なりで、ましてシンナー入りの缶をぶら下げているところを警察官に見つかったら、放火の疑いをかけられるかもしれない。シンナーで旅館の汚れ取りの仕事をして夕食にありつこうと思っていたのだが、怖くなって道ばたの木の根元に捨ててしまう。その後、歩いて行った先には交番があったので、やはり捨ててきてよかったなと安堵《あんど》した。

なにせ執行猶予の身分である。シンナーの缶一つで「放火の疑い」をかけられたら堪《たま》らない。そしてまた、ふと気づいた。右手のどじょう缶を見られて、警察官から「どこから盗んできたのか」と尋問されたら、どうしよう。見つかる前に飲み込んでしまおう……としたところで、目が覚めた。

＊

私は寝ている時でさえ、何かを恐れながら、保釈後の日々を過ごしていた。すべて「姉歯事件」のおかげである。でも、私をそこまで追い詰めた警察も検察も、そして報道機関も、私の苦しみの日々を知らない。責任すら、感じていないだろう。

私が逮捕される直前の新聞記事には、こう書かれている。

「『どんな手を使ってもがけを上る』。偽装発覚直後の警視庁幹部の宣言通り、捜査本部は法令を駆使し、容疑事実をあぶり出した」（『共同通信』二〇〇六年四月二六日配信記事）

「『目標は詐欺容疑での立件。それができなければ、世論の支持は得られない』（中略）全国約一二〇か所の捜索が行われた昨年一二月、警察幹部は強い決意を見せていた」（『読売新聞』二〇〇六年四月二七日付朝刊）

このように警察幹部たちは、別件逮捕であろうが「とにかく捕まえること」を優先し、「真相の解明」は後回しにされた。

この「姉歯事件」では警視庁をはじめとした警察による捜査が続いている最中から、捜査に検事が投入されている。果ては、東京地検刑事部内に「専従捜査班」が設置され、さらに態勢が強化されていた。報道業界の人によれば、こうしたことは「大変異例」なのだという。

「『全容解明に向けた検察の強い姿勢の表れ』（検察幹部）」（『共同通信』二〇〇六年一月一四日配信記事）

なのだそうで、捜査も検察主導で進められた。その捜査には五〇〇人もの警察官が動員されたのだという。

にもかかわらず、本件の「耐震偽装詐欺」に絡んで裁かれたのは、一級建築士の姉歯氏ひとりだった。つまり、

「奴らは皆、グルになって耐震偽装を働いたに決まっている」

と、世間が報道を通じて信じ込まされてきた事件は、姉歯建築士の単独犯行だったのである。つまり、検察の描いていた「偽装のシナリオ」は、真っ赤なウソだった。そのことは、本書の第二章をすでに読んでいただいた読者の皆さんにとっては、全部お見通しのこ

とだろう。

姉歯氏は、建築士としての能力がないのにカネを稼ぐため偽装を繰り返し、偽装がバレてからはウソをついて、仕事をもらっていた建設会社に罪を擦《なす》りつけた――。これが、大山鳴動した耐震偽装事件の真相だ。

姉歯氏は、国会での証人喚問の際、

「木村建設の篠塚氏から鉄筋の量を減らすよう、相当のプレッシャーをかけられました」

と語っていたが、そんなバカげた指示を篠塚氏が出すことは、実際ありえない。なぜなら、マンションデベロッパーは買主に対して一〇年間の瑕疵《かし》担保義務があり、木村建設のようなゼネコンは、その一〇年間の瑕疵担保責任をデベロッパーに対して負っているからだ。

従って、必要な鉄筋を抜いて重大な瑕疵のある欠陥マンションを造ることは、デベロッパーにとってもゼネコンにとっても自殺行為に等しいのである。つまり、意味がない。

以下は、一級建築士である私の実弟から聞いた話である。

マンション鉄筋の量は、個々の立地条件（地盤が堅固か軟弱かなど）や建物の形状（低層か中高層か）によってそれぞれ異なり、特に構造（柱梁《ちゅうりょう》のラーメン構造か壁構造か、あるいは耐震壁の配置の偏心率や、上下階の壁位置のズレなど）の〝バランスの良し悪し〟

によって、大きく左右される。

よって、鉄筋量の多寡《たか》だけでは、耐震性の良し悪しは一概に判断できない。

姉歯事件が起きた当時の鉄筋価格は、一トン当たり六万円から七万円（加工費や現場組立工事費等は除く）であり、一平方メートル換算では五〇〇〇円から六〇〇〇円、一〇〇平方メートルあたりでは五〇万円から六〇万円程度である。仮に、鉄筋を必要量の半分にしたところで、二五万円から三〇万円ほどの節約にしかならず、その額は、一戸当たり四五〇〇万円前後のマンション分譲価格の一パーセントにも満たない。その上、マンション建設においては「最低必要鉄筋量」というものが定められており、実際に半分にすることは不可能である。

ちなみにヒューザーは、広く造って安く売るための戦略として、マンションに設置した駐車場からの長期安定収入経営を理念としており、短期分譲利益狙いのデベロッパーとは一線を画していた。

つまり、微々たる短期分譲利益をかさ上げするために、バレれば即倒産となりかねない欠陥マンションを確信犯的に造ることなど、絶対にありえない話なのである。

だが、そうした事情を知らない国会議員や報道記者たちは、姉歯氏にまんまと騙《だま》されていた。

となると、あれほどまでに大騒ぎしていた一連の「報道」は、いったい何だったのだろうか？

事件に絡んで逮捕されたのは姉歯氏のほか、篠塚氏（建設業法違反）、藤田氏（虚偽登記）、そして私（詐欺）を含めた八人である。だが、姉歯氏以外はすべて別件逮捕だった。その後、本件の「耐震偽装行為」で罪を問われ、再逮捕された人はひとりもいない。別件逮捕を乱用した、警察と検察の大失態以外の何ものでもないのである。だが、それを真正面から批判している報道機関もない。

事件の首謀者と目された私の「詐欺」容疑にしても、「偽装をさせてマンションを売った」からではなく、耐震偽装の発覚後も「マンションを売っていた」から、というものだ。この容疑自体が、耐震偽装の「小嶋首謀説」を完全に否定している。皮肉なことに、私の逮捕は「偽装のシナリオ」の終焉《しゅうえん》を意味していた。

神奈川県藤沢市の分譲マンション「グランドステージ藤沢」の販売残金およそ四億一〇〇〇万円を私が詐取したとして、東京地裁と東京高裁が下した判決の主文は、「懲役三年、執行猶予五年」

である。懲役五年を求刑していた検察は、執行猶予付きの高裁判決を受け入れ、上告しなかった。あれほどまでに私のことを威嚇《いかく》していた検察は、なぜ上告しなかったのか。

『週刊プレイボーイ』二〇一一年五月九日号の特集「追及!耐震偽装事件の真実」の中で、元・大阪高検公安部長の三井《みつい》環《たまき》氏は、私の「耐震偽装事件」裁判の異例さを、次のように解説していた。

「検察は詐取の額が一億円を超えていれば、実刑を求めるのが通例です。そして四億円もの詐欺事件の場合、裁判所は通常、執行猶予などつけません。なぜ実刑とならなかったのか、その理由が判決文に書かれているはずです」

三井氏の指摘どおり一審の判決文には、「量刑の理由」が次のように書かれていた(傍線は筆者)。

「そもそもの発端は、姉歯による構造計算書の改ざんであり、そこに、確認検査機関であるイーホームズがこれを看過して建築確認をし、更に検査済証を発行していたという事情があり、本件に至るまでに限れば、ヒューザーは耐震偽装の被害者ともいえる立場にあったことは否定できず(以下略)」

「（中略）ヒューザーや被告人が耐震偽装問題の中心にいるかのようなとらえ方でマスコミ等から厳しい非難が集中した面がないではなく、これまでに相応の社会的制裁を受けていること」

「（中略）以上の諸事情を総合考慮すると、本件は被告人を実刑にするような事案であるとは認めがたく、主文のとおりの量刑が相当と判断した」

私に対する「有罪」判決自体は、とても受け入れがたいものであるが、それでも裁判所は、マスコミ報道よりはよほど正しく「事件の構図」を捉えていた。高裁判決に至っては、「耐震偽装というレベルで捉えれば、本来被害者的立場にあった被告人に非難が集中しすぎた感は否めず……」とまで踏み込んでいる。報道による行き過ぎた「社会的制裁」を窘《たしな》めたもの、と読むこともできるだろう。

だが、こうした「量刑の理由」が報道機関を通じてありのままに報じられることは、前掲の『週刊プレイボーイ』誌以外になかった。裁判所による自身への批判に目をつぶり、黙殺し続ける報道機関は、本当に「中立公平」だと言えるのだろうか。というより、とても幼稚な存在に思えてならない。本章ではこれ以降、マスコミが広めた誤解を解くために、いわゆる「耐震偽装事件」のことを「姉歯事件」と表記することにする。

「姉歯事件」をひとつのテレビドラマにたとえるなら、報道機関は「ドラマの視聴者」などでは決してなく、ドラマの中で主役たちにちょっかいを出しては囃《はや》し立てる無責任な「脇役」を演じていた。つまり、報道機関は「姉歯事件」の第三者ではない。

改めて、私に対する一審の東京地裁判決文を抜粋して載せておく（傍線は筆者）。

【小嶋進　一審判決文（抜粋）】

主文
被告人を懲役三年に処する。
未決勾留日数中一九〇日をその刑に算入する。この裁判が確定した日から五年間その刑の執行を猶予する。（中略）

（量刑の理由）

（中略）

（1）（中略）被告人には積極的、意図的に被害者らから残代金をだまし取ろうとした事実までは認められず（中略）いわば弱い故意に基づいて犯行に及んだにとどまること（これに反する検察官の主張は採用できない。）、

（2）（中略）そもそもの発端は、姉歯による構造計算書の改ざんであり、そこに、確認検査機関であるイーホームズがこれを看過して建築確認をし、更に検査済証を発行していたという事情があり、本件に至るまでに限れば、ヒューザーは耐震偽装の被害者ともいえる立場にあったことは否定できず、また、今回の件について、ヒューザー内にあって被告人のみに責任があるというものでもないこと、

（3）本件犯行により被告人が財産的利得を得たということはなく、ヒューザーとしても、被害者らからだまし取った金を不当に利用したこともないこと、

（4）被害者らにはヒューザーからの見舞い金や破産の配当金などが支払われ、微々たるものとはいえ、被害の一部が回復していること、

（5）（中略）ヒューザーや被告人が耐震偽装問題の中心にいるかのようなとらえ方でマスコミ等から厳しい非難が集中した面がないではなく、これまでに相応の社会的制裁を受けていること、

（6）相当期間身柄を拘束されていたこと、
（中略）以上の諸事情を総合考慮すると、本件は被告人を実刑にするような事案であるとは認めがたく、主文のとおりの量刑が相当と判断した。

今さら「実刑にするような事案であるとは認めがたく」などと言うなかれ。ならば、なぜ裁判所は、私のたび重なる保釈申請を却下し続け、面会さえも許さなかったのだ。裁判所は、かくも理不尽な存在だった。検察官に威嚇され、臆病風に吹かれていたとしか考えられない。

しかも裁判所は、執行猶予の量刑理由として「ヒューザー内にあって被告人のみに責任があるというものでもない」との事実認定をしている。つまり、私が「実行犯」ではないことを重視したのであろう。

その一方で、「グランドステージ藤沢」の引き渡しをした「実行犯」は誰ひとり、逮捕されていない。

事件を招いた国交省の「不備」

姉歯氏による不正の犠牲となったヒューザーのマンションは、ヒューザーの社員たちも買っていた。そして、私自身も。

皆、自分たちが販売しているマンションに、まさかそんな不正が潜んでいようとは夢にも思っていなかったからこそ、自分でも買っていたのである。

そんなヒューザー社員の中には、買ったマンションが建つ地元の市長・区長から「使用禁止命令」が出され、退去を余儀なくされた者もいる。

買ったばかりの我が家を取り壊されたり、耐震補強工事を強いられるという悲劇。新居のローンに加え、別の新たな家や補強工事費用のローンまで同時に支払わなければならない「二重ローン」問題――。こうした問題を抱えていたのは、ヒューザー社員も同じだったのである。そんな彼らに、一体何の罪があるというのだろう。さらに、だ。

耐震偽装が見つかったマンションは、ヒューザーの物件や、イーホームズが検査で関わった物件だけではなかった。「姉歯事件」を端緒として、それ以外のマンションの構造計算でも次々と不正が見つかったのである。つまり、不正を働いていた建築士は姉歯氏だけではなかった。

例えば北海道では、大手不動産販売会社の住友不動産、三菱地所の二社がそれぞれ建設していた札幌市内の分譲マンション計三棟で耐震偽装が確認され、販売が中止された。報道によれば、これらの構造計算を行なっていたのは埼玉県内の設計事務所に勤める無資格の男性だそうで、三菱地所の物件を検査していたのは、イーホームズ以外の民間指定確認検査機関だった。福岡県でも、姉歯氏以外の建築士が構造計算を行なった福岡市内のマンション三件で、耐震強度の偽装が確認されている。

となると、「建築確認検査」という国の制度自体に欠陥があったとしか、考えられない。

＊

姉歯事件当時の「民間の指定確認検査機関」のセールスポイントは、特定行政庁よりも審査にかかる時間がはるかに短いという「審査スピード」だった。

審査料金は、一〇〇〇平方メートル当たり四万数千円という特定行政庁に対し、民間はその二倍ほどした。が、検査を頼む側も、どうせならスピードの早いほうに審査をお願いしたいと考え、事件当時は建築確認検査全体の六割ほどが「民間の指定確認検査機関」の手によるものになっていたという。中には、八割から九割が民間検査機関による検査だったという政令指定都市もあった。

当時、イーホームズのような民間の指定確認検査機関がマンション建築前の「建築確認検査」を行なうと、特定行政庁（市町村）に報告する決まりになっていた。だがこの報告は、A４判で三枚程度の「建築概要書」で行なわれており、特定行政庁側がこれを見ただけで、耐震強度や建築構造について判断し、問題点を把握するのは、ほとんど不可能だったと思われる。建築完了時の検査（「検査済証」を交付するための検査）に至っては、A４判一枚の「報告」だけだったという。

となると、特定行政庁には何のチェック機能も期待できないことになり、検査の実態は、民間の「指定確認検査機関」頼みだったことになる。そして、そんな確認検査機関を「指定」、すなわち認可していたのは、国（国交省）だった。

国交省が「指定」しっぱなしで、民間の指定確認検査機関へのチェックや監督を疎《おろそ》かにしていれば、民間の指定確認検査機関のミスはどこのチェックも受けないまま素通りしてしまい、耐震強度に問題のあるマンションがこの世に出現してしまうことになり、現にそうなってしまった。これは、国の定めた「建築確認検査」の制度上の欠陥が招いた問題なのである。

しかし、

「だから、私やヒューザーには何の責任もない」

と言いたいわけではない。

マンションの売主であるヒューザーには、たとえ自分に過失がなくても責任を負わなければならないという「瑕疵《かし》担保責任」があるからだ。販売した段階では隠れていてわからなかった瑕疵が、販売後になって判明した場合、買主は契約の解除や損害賠償を請求できる。新築マンションの場合、この瑕疵担保責任は一〇年間に及ぶ。

私はこの「瑕疵担保責任」から逃れるつもりなど、全くなかった。それは、本書の第二章でも触れた、姉歯事件発覚直後に私が部下たちに出した「指示」の内容からも、わかっていただけると思う。私が、設計部長の天木や、ヒューザーマネジメントの佐藤営業部長に出した指示とは、

（1）売れてない物件で、姉歯が構造計算に携わっている物件は、取り敢えず販売中止にする。

(2) 契約が終わっているもので、まだ引き渡していないものに関しては解約する。手付金や購入代金を返金するので、その準備を進めておくこと。

(3) 姉歯が構造計算に携わっている物件の「解約予定一覧表」を作ってくれ。

というものだった。また、すでに竣工して住民が入居済みの物件で、不法建築であることが判明・確定したものについては、

「国が認可した民間の建築確認検査機関が改竄《かいざん》行為を見破れなかったことに今回の件は端を発しているのだから、住民とともに国家賠償請求訴訟を起こしたい」

と、当時の顧問弁護士に伝えていた。

だが、国交省にしてみれば、違法なマンションが建ってしまうことなど、別に珍しくはない〝いつものよくある話〟だったみたいである。「建築確認検査」制度が有名無実化している実態も、姉歯事件が発覚する以前からしっかり把握していたらしい。そのことを私に教えてくれたのは、前掲の『週刊プレイボーイ』誌だった。

姉歯事件が発覚した時の国交省住宅局長は、山本繁太郎《やまもとしげたろう》氏である。山本氏は二〇〇八年

に退官した後、国政選挙に何度か挑戦し、二〇一二年七月に山口県知事となったものの、その後、体調を崩して二〇一四年一月に知事を辞職。同年三月に死去していた。
その山本氏に対し、『週刊プレイボーイ』誌が二〇一一年五月二日号でインタビューしていた。筆者のルポライター・明石昇二郎氏の承諾を得て、以下にその際の山本氏の発言を紹介する。

＊

「実は、建築確認が通ったヤツで違法な建築物になってしまったケースが、すごくたくさんあるんですよ。故意ではなく懈怠《かいたい》（怠慢によって責任を果たしていないこと）で。そうした判例もすごくあるんです」

「ようするに小嶋さんは、白か黒かを最終的に判断するのは『建築確認』であり、建築確認検査機関を指定した（国交省の）大臣に責任があると誤解しておられた。だけど、法律における最終責任者は建築主であり、ヒューザーの小嶋さんが最終責任者なんですね。自分が選んだ建築士が自分を騙《だま》したとしても、建築確認をしたお前（＝国交省）の責任だ、という話にはならないんです。

残念ながら小嶋さんは、建築主の責任を負い切れなかったから、会社（ヒューザー）がツブれたんです」

＊

悔しいが、そのとおりである。

姉歯事件が、国の定めた「建築確認検査」の制度上の欠陥が引き起こしたものであることは、否定しようのない事実である。それで私は、「すべての責任は国交省にある」と短絡的に考え、

「国にも責任があるなら、建て直すのを助けてほしい」

と、国交省に対して五〇億円の低利融資を要望した。当時のヒューザーは三年間で四〇億円超の経常利益を上げていたから返済は十分可能だと、本気で私は考えていたのだ。

そして、

「国は自らの不備を認めた上で正義を果たすべきだ」

と、要求してしまった。さらに私は、東京都や神奈川県横浜市、千葉県船橋市などの自治体に対しても、建築確認検査でデタラメな構造計算書を見逃したためにヒューザーが損害を受けたとして、裁判で損害賠償請求をしていた（東京地裁の判決は敗訴。控訴せずに

確定)。

やり方が稚拙だったと思う。本当にバカだった。本当に反省しなければならないと、心底思っている。その結果、私はヒューザーのマンションを買ってくれたお客さんを守り切ることができなかった。私を信用してくれたお客さんを、裏切ってしまった。

事件発覚当初、ともに国家賠償請求をしようと考えていたマンション住民たちからは、信用を得られず、逆に住民たちから、

「ヒューザーは実質的に債務超過の状態にある」

として、破産申し立てを受けた。そして会社は破産となり、社員らを路頭に迷わせてしまった。

「国の責任」を追及しようなどと私が思わなければ、ヒューザーは今なお存続していたかもしれない。姉歯氏による耐震偽装の被害に見舞われた不動産デベロッパーは他にもありながら、破産に追い込まれたのはヒューザーだけなのだから。

しかし、である。

私は、不本意な形ではあるものの、責任を取らされた。一方、国交省は、何の責任も問われていない。このままでいいのだろうか？

マンションは再び「狭くて高価」になった

姉歯事件を受け、国交省は法改正へと動いた。改正されたのは建築基準法、建築士法、建設業法、宅地建物取引業法（宅建業法）である。これらの改正案は、二〇〇六年六月二一日に国会で可決されており、私の起訴（同年六月七日）から二週間後のことだった。国交省がいかに慌てていたかが窺《うかが》い知れるだろう。

また、翌年の二〇〇七年五月三〇日には、「特定住宅瑕疵《かし》担保責任の履行の確保等に関する法律」という新法までできた。これらの法改正や新法が持つ意味をわかりやすく言えば、今後、姉歯事件と同じような事件が起きても、マンション業界から逮捕者が続々と出るような事態が二度と起こらない体裁へと、取り繕われたのである。

当時、分譲マンションは全国で年間一〇万戸以上も取り引きされていた。一日にすれば三〇〇戸ほどになり、五分に一戸のペースでマンションの引き渡しが行なわれていた計算になる。

そんな状況の中、姉歯氏の耐震偽装が発覚し、姉歯氏や私が逮捕されたのだった。姉歯氏のようなデタラメな設計士がこの世に実在し、建築確認検査機関はその耐震偽装を見逃し続けていたとなれば、その間に建てられた全てのマンションを疑ってかかる必要が出てくる。全てのマンション引き渡しを一旦中止し、耐震偽装の見逃しがないか、あるいは虚偽の申告がないかをチェックし、それが終わるまでは引き渡してはならんと、国交省が命令しなければならないくらいの事態だったのだ。それまでの法律は、いわば性善説に基づいており、姉歯氏のような「悪党」建築士や、姉歯氏がやった「悪質」耐震偽装行為を、全く想定していなかった。

法律が改正されたことで大きく変わった点は三つある。まずひとつは、私が逮捕された理由の「詐欺」に絡む点である。

マンション販売の際、業者側は「重要事項告知義務」を負っている。改正される前の宅建業法は、

「重要な事項について、故意に事実を告げず、又は不実のことを告げる行為」

を禁じていた（宅建業法四七条一項一号）。だが、これをどう解釈するのかは、問題が発生する都度、考えられていた。私の場合は、姉歯氏が行なった構造計算の偽装を知り、危ないとわかっていながら、入居者にはそのことを故意に告げず、マンションを引き渡すよう部下に指示したとして、逮捕されていた。

これを、

「当該宅地建物取引業者若しくは取引の関係者の資力若しくは信用に関する事項であって、宅地建物取引業者の相手方等の判断に重要な影響を及ぼすこととなるもの」

という一文を法律に加えて「重要事項告知義務」の範囲をかなり明確に規定することで、国が定めた検査済証を取得したマンションの引き渡しが「詐欺」だとして、マンションのデベロッパーを逮捕するようなことが二度と起きないよう、法律を改正し、制度を変えたのだ。

罰則も、「一年以下五〇万円以下の罰金」が、「二年以下の懲役若しくは三〇〇万円以下の罰金」になり、不動産業者法人に対する罰金刑も最高が一億円とされた。

ところで、二〇一四年に神奈川県横浜市で発覚した「高級分譲マンションの傾斜事件」は、マンションを土台で支える基礎杭が、強固な地盤にまで届いていなかったために発生していた。マンションの竣工は二〇〇三年で、姉歯氏による「耐震偽装マンション」が建てられた時期とほぼ同じである。大手ゼネコンの熊谷組が施工し、大手不動産デベロッパーの住友不動産が販売した物件だった。

しかし、私と同様に「重要事項告知義務違反」で逮捕される者が出てもおかしくなさそうなのに、誰も逮捕されていない。一方、私は、お上に叛旗《はんき》を翻し、盾突いたために、文字どおりの〝人柱〟にされた。

本書の第一章で、

「首都圏の不動産デベロッパー業界において、一〇〇平方メートル以上のマンションのシェアは二〇〇四年の時点でヒューザーがトップであり、同年の売上高はおよそ一二〇億円、自己資本比率も二〇パーセントと、堅実に業績を伸ばしていた」

と、書いた。しかしそれは、一〇〇平方メートル以上の分譲マンションに限定した、ほんのわずかなシェアの中での話だ。たとえ潰しても、およそ四〇兆円市場と言われる不動産業界全体にはさして影響を与えない〝手頃な規模の生贄《いけにえ》〟が、ヒューザーだったのだろう。

＊

二つ目は、「特定住宅瑕疵《かし》担保責任の履行の確保等に関する法律」という新法に基づく「瑕疵担保責任保証保険」制度が導入されたことである。姉歯事件によって、新たな保険業界が誕生していた。

姉歯事件が起きる前は、売主が倒産してしまうと一〇年間の瑕疵担保保証も同時になくなっていた。それが同制度の導入により、売主がヒューザーのように破産したとしても、保険会社によって救済されるように法律が変わったのである。マンションの買主にとって、これは明らかな〝前進〟と言えるだろうし、買主の利益にもかなう法改正なのかもしれない。ただ、この法改正によって、新築マンションの購入価格はさらに高くなった。粗製乱造できなくなった分、高くなったわけではない。法改正により、不動産デベロッパーは〝もしも〟の時に備え、法律で定められた額の「保証金」を法務局などに供託するか、あるいは、新設された「住宅瑕疵担保責任保険法人」（瑕疵担保保証会社）との間で保険契約を結ぶかのいずれかを義務づけられた。それまでは不要だった保証料や保険料を、売主である不動産デベロッパーが支払う分だけ、高くなったのである。ヤクザの世界で言うところの「ショバ代」を払わないと、不動産デベロッパーとして生きていけなくなったわけだ。

ちなみに、この「瑕疵担保保証会社」の中には、国交省の役人たちの天下り先と化しているところもあると聞く。行政だけは抜け目なく〝焼け太り〟しているようだ。

この「瑕疵担保保証会社」は、資本金が五〇〇〇万円、純資産が二億円以上あれば、設立できるのだという。私の高校の同級生に、この「瑕疵《かし》担保保証会社」に勤めている者がおり、彼は、

「俺は、小嶋の〝排気ガス〟を吸って生きているんだよ」

と言っている。

特筆すべきは、財閥系や大手商社系、または銀行系などの資力のある不動産デベロッパーは、倒産による瑕疵担保保証が履行されないことはないとされ、「瑕疵担保責任保証保険」に加入するのは事実上、中堅不動産デベロッパーだけ——ということろだ。

余談だが、前掲の横浜市「高級分譲マンションの傾斜事件」で売主の住友不動産は、全住民に対し、販売した価格と同額での物件買い取りを申し出ていた。法改正で「特例」扱いをしてもらっている手前、意地でもそうしなければならなかったのだろう。

こうして新築マンションの価格は高騰し、それまでの単価では、もう作れなくなった。その煽《あお》りで、中古マンションの価格が値上がりしている。

東日本不動産流通機構（東日本レインズ）の調査によれば、二〇一三年度の首都圏における中古マンションの一平方メートル当たり単価は、すべての都県で前年度を上回り、首都圏平均で四〇・五八万円（前年度比五・七パーセント増）となったという。平均価格にすると一戸当たり二六一四万円である。

その一方で、平均専有面積は狭くなり、二〇一三年度は六四・四二平方メートルと、前年度に比べて一・七パーセント縮小していた。この傾向は、二〇一四年度になってからも続いている。

マンションは再び「狭くて高価」なものへと〝先祖返り〟していた。姉歯事件のツケは、確実に消費者へと回されている。

＊

三つ目は、建築士の世界にもメスが入ったことである。

それまでは、マンションの構造計算は誰でもやることができた。計算自体は、建築士の資格を持っていなくてもよかったのである。

マンションの設計に関する仕事は、建物のデザインをはじめとして全体の設計をする「意匠設計」の仕事と、耐震強度などを担当する「構造設計」の仕事に分かれていた。意匠担当の事務所に一級建築士の資格を持った者がいれば、誰が構造設計を担当しようと建築確認を申請することができた。つまり、同じ「一級建築士」であっても、意匠を担当している一級建築士のほうが、構造担当の一級建築士よりも立場が上だったのである。

それが姉歯事件を受け、立場が逆転する。高さが二〇メートルを超える鉄筋コンクリート造の建築物の場合、意匠担当の一級建築士は、法改正によって新たに設けられた資格である「構造設計一級建築士」に、その建築物が建築基準法に基づく規定に適合しているかどうか、確認を求めなければならないことになったのだ。

さらには、都道府県知事が指定する「指定構造計算適合性判定機関」が新設され、高さ二〇メートル超の鉄筋コンクリート造の建築物は、この指定機関による構造計算審査が義務づけられた。また、三階建て以上の共同住宅には、建築主事による「中間検査」も義務づけられた。

それと平行して、新築マンションにおける耐震基準を厳しくした。ざっくり言えば、それまでは「数百年に一度の大地震にも耐えられる耐震性」を求めていたのが、今後は「一千年に一度の大地震にも耐えられる耐震性」へと、厳しくされたのである。

これにより、三世代が同居可能で何世代にもわたって承継可能な「一五〇平方メートルマンション」は、一般庶民にとって完全に手が届かないものになってしまった。

耐震性能はもちろん重要であるが、広い玄関や収納スペース、親子が並んで料理を作れるキッチン、ゲストを呼べるリビングルームといった居住空間や、親子で入れる広い風呂など、設備のグレードを含めた全体的なバランスも、住まいにとっては重要なファクターなのではないのか。

六〇平方メートル程度のマンションは、すでに中古市場にあふれ返っているにもかかわらず、耐震性能だけ強化し、広さという「居住性能」は五〇年にも満たない狭小住宅を量産し続けることに、一体どれほどの価値があるのだろうか。

ヒューザーがチャレンジし、供給してきたマンションは、首都圏にありながら専有面積が一〇〇平方メートルから一七〇平方メートルという豊かな居住空間だった。三世代が続けて暮らせる「終《つい》の棲家《すみか》」として、欧米並みの広さになりつつあった平均専有面積は今、六〇平方メートル台へと逆戻りしつつある。今後はさらに縮小し、平均専有面積は五〇平方メートル台になってしまうのかもしれない。

＊

「日本人に、欧米並みの広さのマンションを、普通の人でも買えるような適正価格で供給したい――」

そんな私の夢は、姉歯事件ひとつで吹き飛び、夢半ばで頓挫《とんざ》した。私が目指し、夢見ていたことは、そんなに悪いことだったのだろうか。

そして、再び日本人の住まいは「ウサギ小屋」などと揶揄《やゆ》されることになるのだろうか。一時は夢がかないつつあっただけに、今も心残りである。悔しくてならない。

あとがき

筆を擱《お》くに当たって、読者の皆さんの前で率直に反省したいことがある。それは、姉歯事件の発覚以降に私が取った、軽はずみな言動や行動の数々について、である。

二〇〇五年一一月、国交省が緊急記者会見で「耐震偽装事件」を公表した直後の一一月二二日、記者会見で私は、あの当時の〝時の人〟だった「ライブドア」社長・堀江貴文氏に自身をなぞらえ、

「私は小嶋でございますけど、『オジャマモン』ということで、ぜひスタジオに呼んでください」

などと、軽口を叩いた。

このことに、一体何の意味があったのだろうと、今でも思う。国交省には先手を打たれ、イーホームズの藤田社長にも荒唐無稽《こうとうむけい》な「組織犯罪陰謀」説を流布され、何としても反撃しなければ私とヒューザーは潰される――との思いと焦りが、姉歯事件と何の脈絡もないニックネームを、思いつきで私に語らせていた。軽率の謗《そし》りを免れない。

反撃のスタートで躓《つまず》き、すっかり世間の反感を買ってしまった私は、その後、自身の主

張を伝えるせっかくの機会を自ら失っていった。その最たるものが、二〇〇六年一月の国会での証人喚問だろう。同席した弁護士のアドバイスもあったとはいうものの、あの場で三二回も証言拒否を繰り返していては、

〝説明も釈明もできないのは、やはり事件の首謀者だからだ〟

と、疑われるのも致し方ないことかもしれない。すべて、自分の身から出た錆《さび》である。しかし、事実はそうでなかったのは、これまで本書で書いてきたとおりだ。本書で書いてきたような事実をありのままに、証人喚問の際にも語ることができていれば、よかったのだから。

あの時の私は、疑われてもうまく説明できず、自らの潔白を証明することができなかった。私が思っていた以上に、私は弱い人間だった。

＊

証言拒否の背景には、私の迂闊《うかつ》な「記憶違い」がある。

国会や警察への対応は、

「藤沢物件の引き渡しは、一〇月二七日に私が承諾していた」

ことを前提に臨んでいた。そして、私と弁護団は、

「過失犯ですらない。宅建業法違反ですらない」

と、警察や検察に対して主張していた。この時、私が逮捕される恐れがあると、私も弁護士も考えていた。証人喚問の直後、証言拒否を繰り返した理由をマスコミから問われ、

「訴追、逮捕されると住民への補償ができなくなるためだ」

と私が答えていたのも、私が「承諾していた」ことを前提にしたからである。

しかし、私にとって「二〇〇五年一〇月二七日」という日は、午前一一時にイーホームズの藤田社長が来社し、姉歯事件への対処を巡って三時間以上の〃会談〃をした後、銚子での葬儀へと向かい、その往復の車中では社員や弁護士、建築士らに指示を出し続けるという、多忙を極めた一日だった。昼食を摂《と》る暇もなかったほどである。

その「小嶋進にとって一番長い日」でもあった一〇月二七日のどこかで、ヒューザーマネジメント社の佐藤営業部長は私に、

「明日の藤沢（物件）の引き渡しは、しても宜《よろ》しいでしょうか」

と尋ね、それを私が承諾したのだという。そして、それを断固として否定できるだけの明白な記憶が、私にはなかった。従って、佐藤の言い分に異を唱えることもなかった。これもまた、私の「軽はずみな行動」のひとつである。当時、私が心配していたのは自分の

身より、ヒューザーマネジメント社の高橋や佐藤の身のほうだったことも、私の判断を誤らせた原因かもしれない。

一〇月二七日の「佐藤とのやり取り」の記憶が鮮やかに蘇ったのは、銚子からヒューザー本社への帰路の車中で私が佐藤と話した電話の内容を秘書が録音してくれていたことを知り、その内容を書き起こした時のことだった。証人喚問の翌月の、二〇〇六年二月下旬のことである。私は、佐藤に対して「藤沢物件を引き渡せ」という指示も承諾も全くしていなかった。それどころか、

「まだ引き渡していないものに関しては解約する」

と、指示していたのである。

私の記憶違いが招いたこととは言え、私の弁護団には大変な迷惑をかけてしまった。私の「詐欺罪」を審理する東京地裁での第一回公判における被告人陳述でも、藤沢物件の引き渡しを私が「承諾していた」ことを前提とした主張を展開し続け、録音データを元に私の主張が改められたのは、私が保釈された後の二〇〇七年六月以降のことだった。

正直言って、自分の法廷陳述を自ら否定することになろうとは、思いもよらなかった。しかし、それが事実なのだから、公正な裁判のためには訂正するほかない。事実を枉《ま》げる

ことなど、私には到底できなかった。

逮捕される三カ月も前に、私の無実を証明する決定的な証拠の「録音データ」があることを知っていながら、それを最大限活かすことができなかったのが今でも悔やまれる。そしてそれが、負けるはずのない裁判で私が負け続け、最高裁でも負けて執行猶予付きの有罪が確定してしまった最大の要因だと思っている。

＊

姉歯氏の耐震偽装行為が発覚した直後のことである。

姉歯氏に一級設計士の資格を与え、その偽装行為を見逃したイーホームズを建築確認検査機関として指定していたのは、国交省である。私は「こんなことは許せない」と意気込み、国交省へと乗り込んだ。その時、同省の三階にあった住宅局の全員に聞こえるような大声で一時間近く、国交省の責任をどやし続けたのだった。

その帰り道、一緒に国交省に出向いた元ゼネコンの工事部長から、

「国の役人に対してあんなことをしてはタダじゃ済まないですよ、社長」

と、言われる。私は、

「あなたたちゼネコン業界は、国の世話になって生きているんだろうけど、俺たちは国の

世話になって生きているわけじゃないから、あのぐらいのことは言わなければ」

と、言い返した。このまま見逃すことなど断じてできなかった。しかし、工事部長に言われたとおり、「タダじゃ」済まなかった。国交省が緊急記者会見を開いたのは、その一〇日ほど後のことである。

姉歯事件では、姉歯氏が構造計算の偽装をしていたマンションに関わっていたすべての一級設計士が、資格を取り上げられた。だが、一級設計士が処罰されたままだと、その資格を付与した国交省も、責任を問われかねない。欠陥確認済証や欠陥検査済証を交付した自治体や確認検査機関にしても、国交省と似たような立場である。となると、いつまでも姉歯事件の幕引きができない。

そこで国交省は、一度剥奪《はくだつ》した一級建築士資格を、〝元〟一級建築士らに返すことにした。国交省や自治体の役人たちが、私のように〝処罰の対象〟とされないようにするためだったとしか、私には見えない。そして、国交省はそれをもって〝一件落着〟とした。その結果、姉歯氏以外は誰も悪くなかったことになった。

では、私が逮捕され、全財産を取り上げられたこととの〝整合性〟は、どうなるのか。何で私だけがこれほどまでに痛めつけられなければならなかったのか。

先に述べたような私の「軽はずみな行動」があったにせよ、検察側に不利な実物証拠は採用せず、検察の意のままに作られた供述だけが証拠採用されるのであれば、警察や検察に睨まれただけで誰でも「犯罪者」にされてしまう。それが、今の日本国である。

＊

私が会社とともに破産させられ、「犯罪者」として社会から葬り去られたことは、国交省の官僚や警察・検察官僚にすれば「社会正義」を果たしたことになるのかもしれない。自分が「刑事被告人」にされて初めてわかったことだが、自分の祖国でこれほどまでに人権を無視した不公正な裁判がまかり通っていたとは、全く知らなかった。

「死人に口なし」

と言われる。今では「ヒューザー」という優良不動産会社も、「ヒューザー代表取締役・小嶋進」も、消滅してしまった。しかし、幸いにも「小嶋進」個人は生存している。そして、マンションの管理・清掃をして、どうにか生計を立てている。

天が私に課した使命とは、プライベートジェット機に乗って世界を遊び回ることではなく、泥まみれになって己《おのれ》が作ったマンションの溝《どぶ》を浚《さら》い、入居者に気持ちよく生活してもらうことであり、さらには、「公正であるべき裁判の不公正」という社会の不条理に一石を投じることなのかもしれない。

建築基準法は、規制強化と厳罰化という方針で制度を変更したが、一方の宅建業法は、重要事項告知義務違反について厳罰化するかのように見せかけて、逆に緩めた。ようするに、ちょっとやそっとの告知義務違反では逮捕されないことにした。それも、泥縄式に。この法改正は、私を逮捕した事件が相当無理筋だったことの、いわば証拠でもある。

このまま「死人に口なし」となるのを座して待つのは、勇気のないことであり、卑怯だと、私は思った。この大事件の結末を、官僚や法曹が出した〃結論〃に任せ、従っているだけではダメだと、私は考えた。

本書で書き連ねてきた私の失敗の数々が、無力な庶民がお上と闘う際、道標のひとつとして活用され、本当の意味での「世直し」のお役に立つことができれば、それこそ「男子の本懐」だと思っている。

小嶋　進（おじま・すすむ）
元・実業家。首都圏に専有面積一〇〇平方メートル以上のマンションを、庶民でも買える価格で供給し、注目を集めた中堅不動産デベロッパー「ヒューザー」の元社長。一九五三年、宮城県生まれ。二〇〇五年に発覚した、いわゆる「耐震偽装事件」（本書で言う「姉歯事件」）で詐欺容疑に問われる。翌二〇〇六年に逮捕され、三〇〇日以上身柄を拘束される。二〇一一年、最高裁で懲役三年、執行猶予五年の刑が確定した後も、無実を訴え続けている。

偽装
「耐震偽装事件」ともうひとつの「国家権力による偽装」

2016年9月16日　初版発行

著　者　小嶋進
発行人　北村肇
発行所　株式会社金曜日
〒101-0051　東京都千代田区神田神保町2-23　アセンド神保町3階
URL　http://www.kinyobi.co.jp/
（業務部）　03-3221-8521 FAX 03-3221-8522
Mail gyomubu@kinyobi.co.jp
（編集部）　03-3221-8527 FAX 03-3221-8532
Mail henshubu@kinyobi.co.jp

装　丁　加藤英一郎

印刷・製本　精文堂印刷株式会社

価格はカバーに表示してあります。
落丁・乱丁はお取り替えいたします。

printed in Japan
ISBN978-4-86572-014-3 C0036